ENFANCE ET ADOLESCENCE

Pierrette Champon - Chirac

ENFANCE ET ADOLESCENCE

Témoignage

© 2025 Pierrette Champon - Chirac

Édition : BoD · Books on Demand,

31 avenue Saint-Rémy, 57600 Forbach, bod@bod.fr

Impression : Libri Plureos GmbH,

Friedensallee 273, 22763 Hamburg (Allemagne)

ISBN : 978-2-3225-5839-1

Dépôt légal : Avril 2025

À mes enfants Erick et Diane
À mes petits-enfants Charlotte, Hippolyte, William
À mes arrière-petits-enfants Clément, Emma, Killian

Malgré quelques souvenirs parfois teintés d'amertume, je demeure fière d'avoir fréquenté l'école Saint-Joseph, de deux ans et demi jusqu'à quinze ans. Je remercie mes parents d'avoir fait le choix de me confier aux religieuses, car c'est par l'éducation que l'on façonne un enfant, lui offrant les armes nécessaires pour affronter les aléas de la vie. Cette éducation s'élabore à la croisée des chemins, entre l'école et la maison, dans une complémentarité essentielle entre enseignants et parents.

À l'école des sœurs, j'ai appris bien plus que des connaissances académiques : j'y ai assimilé des valeurs fondamentales telles que la discipline, l'assiduité, l'exactitude, la politesse, le respect, la propreté et l'application. On m'a inculqué la notion du travail bien fait, du devoir accompli avec rigueur et conscience. Sous l'égide de la religion, j'ai également reçu une éducation morale, une boussole intérieure destinée à me guider sur le chemin de la vie. Si parfois la sévérité des religieuses m'a semblé pesante, avec le recul, je comprends que l'éducation exige de la fermeté, une autorité bienveillante, mais intransigeante, nécessaire pour placer les enfants sur la voie de la droiture et de l'effort.

Aujourd'hui, cette exigence semble s'être effacée devant une société où l'autorité, aussi bien familiale que scolaire, vacille sous le poids des contestations. Dans un monde où les enseignants doivent désormais composer avec la crainte des reproches parentaux et des blâmes administratifs, où toute forme de sanction est perçue comme un abus plutôt que comme un apprentissage, comment transmettre des repères solides aux jeunes générations ? Faut-il céder au laxisme, sous prétexte d'une liberté mal comprise ? Laisser-faire devient parfois la seule option possible, au détriment des résultats, au risque de voir se diluer des valeurs autrefois fondamentales.

Les religieuses, elles, ont agi selon leur conscience, portées par leur mission éducative et spirituelle. Mes parents ont suivi les mêmes principes à la maison, en accord avec les maîtresses, sans jamais chercher à contester leur autorité. Ils savaient que l'éducation est une œuvre conjointe, un équilibre entre rigueur et affection, entre exigence et transmission. Et pour cela, je leur en suis profondément reconnaissante.

Quand on est enfant, on juge souvent ses parents et ses éducateurs avec une sévérité inconsciente, persuadé que leurs décisions sont arbitraires, leurs interdits injustes et leurs exigences excessives. On se promet parfois de faire autrement, de ne pas reproduire certaines attitudes, convaincu qu'on saura mieux faire. Puis, un jour, en passant de l'autre côté de la barrière, on mesure pleinement la complexité de la tâche. Être parent ne s'apprend pas dans les livres ni sur les bancs d'une école. C'est une aventure semée de doutes et d'épreuves, où l'on avance tant bien que mal, porté par l'amour et la volonté de bien faire.

Papa et maman ont fait de leur mieux, comme tant d'autres avant eux, en s'appuyant sur les valeurs de leur époque, sur leur intuition et leur propre vécu. Ils n'étaient pas parfaits, mais qui peut se targuer de l'être face à une mission aussi immense ? Aujourd'hui, avec le recul, je mesure tout ce qu'ils ont accompli, tout ce qu'ils ont sacrifié pour m'offrir une enfance sécurisée et un avenir solide.

Je leur dois d'autant plus de reconnaissance qu'ils ont eu le courage, à 25 ans, de tout recommencer. Ce choix, si difficile à faire, a changé ma vie. Grandir à Réquista n'a pas été un simple déménagement, mais une nouvelle page écrite pour notre famille. C'est là que j'ai appris à m'ancrer, à comprendre ce que signifie réellement le mot « foyer ». C'est là que j'ai puisé mes premiers repères, que j'ai trouvé ma place dans un monde qui, grâce à eux, m'a semblé plus rassurant.

Aujourd'hui, je les considère avec un profond respect. Ils ont fait ce que chaque parent tente de faire : donner le meilleur d'eux-mêmes, avec les moyens du bord, avec leur cœur, avec leurs doutes et leurs espoirs. Et pour cela, ils méritent toute ma gratitude.

« Lorsque j'étais petit et que Mamy Pierrette me gardait, elle me racontait une histoire pour m'endormir, l'histoire de son enfance, une histoire tellement bizarre que je croyais qu'elle inventait au fur et à mesure. Mais pas du tout, elle était vraie. J'ai beaucoup appris sur la façon dont elle avait été éduquée. Pauvre Mamy ! »

Hippolyte

Chapitre 1
Le récit du petit-fils Hippolyte

Avant de mettre son récit par écrit, Mamy a tenu à me confier un précieux souvenir : son enfance qui fut un véritable cocon de douceur, bercée par l'amour attentif de ses parents qui la choyèrent avec tendresse. Elle évoquait avec reconnaissance ces années, où les maîtresses d'école, sévères, mais dévouées, n'avaient d'autre ambition que de lui transmettre le meilleur. Elle ne regrettait en rien l'éducation qu'elle avait reçue, convaincue qu'elle lui avait inculqué les valeurs essentielles pour mener une vie de droiture. Avec un sourire empreint de sagesse, elle concéda néanmoins qu'éduquer un enfant était un défi permanent, une alchimie délicate où chacun avait sa propre recette, avec plus ou moins de succès…

Mamy a ouvert les yeux sur le monde un matin du 27 mars 1939, à Sapois, un petit village niché au creux des Hautes Vosges, à deux kilomètres de Vagney et une dizaine de kilomètres de Gérardmer. À peine née, déjà entourée d'attentions, elle vit se pencher sur son berceau des visages curieux, avides de lui trouver des ressemblances. Les avis divergeaient : certains disaient qu'elle tenait de son père, d'autres de sa mère, mais un détail ne faisait aucun doute - ses yeux, d'un bleu vert, héritage incontestable de Robert, son père, et de toute sa lignée paternelle, dont les prunelles semblaient refléter les ciels limpides des montagnes vosgiennes.

On lui donna le prénom de Pierrette. Était-ce en hommage à son grand-père, Pierre Jacquet, le maréchal-ferrant du village ? L'explication, bien plus tendre, vint plus tard, murmurée par sa mère : « C'est parce que tu étais ma petite pierre précieuse. »

Le printemps s'était installé timidement depuis quelques jours, faisant éclore ses premières merveilles. Dans les prés, les jonquilles dressaient leurs corolles éclatantes, éclairant le vert tendre des prairies d'une parure dorée. L'air était encore frais, chargé des parfums humides de la terre au réveil. Mamy, serrée dans ses langes, ouvrait de grands yeux sur ce monde nouveau. Impuissante encore à remuer ses petites jambes emmaillotées, elle semblait pourtant déjà observer avec intensité ce décor naissant, comme si elle cherchait à deviner le destin que la vie lui réservait.

Elle était choyée, couvée du regard et entourée de mille attentions, autant qu'un enfant nouveau-né pouvait l'être. Chaque sourire, chaque éclat de rire de sa part était un trésor pour ses parents. La famille vivait dans une maison en bordure de la rue principale qui traversait le village.

Derrière la maison, la fontaine chantait sans relâche, déversant son eau limpide et glacée dans un large bassin de pierre, une eau pure, directement puisée au cœur des montagnes. Plus loin, un pré s'étirait en pente douce vers la rivière où les enfants, armés de baguettes, de bouts de ficelle avec des hameçons de fortune, s'amusaient à pêcher des goujons et à traquer les grenouilles, sous l'œil amusé des adultes.

On raconte que Mamy, malgré sa douceur enfantine, avait un caractère bien trempé. Une jalousie farouche l'animait dès qu'elle voyait sa maman prendre dans ses bras Jacky, le fils de sa sœur. À ces moments-là, rien ne pouvait la consoler : elle tirait rageusement sur la robe de sa mère, trépignait sur place, ses petites mains serrées en poings, et son visage se colorait d'une fureur écarlate. Sa maman riait devant cette adorable emportée, excitant même sa jalousie pour la porter au paroxysme...

Elle devait presque avoir deux ans et demi lorsqu'un jour, derrière la maison, elle surprit un spectacle inédit. Sa grand-mère, les manches retroussées jusqu'aux coudes, lavant le linge dans un grand baquet d'eau mousseuse. Mamy s'arrêta, fascinée. Elle n'avait jamais vu « Mémère » à l'œuvre ainsi, ses bras blancs glissant sur le tissu, frottant inlassablement le linge sur une planche de bois immergée. À chaque pause, malgré l'effort, la vieille femme levait les yeux et gratifiait sa petite-fille d'un sourire complice.

Mais la curiosité de Mamy ne s'arrêta pas là. Tandis que sa grand-mère, concentrée sur sa tâche, s'éloignait un instant pour étendre une chemise au soleil, elle eut une idée brillante... ou désastreuse. Son ours en peluche, rouge éclatant, n'avait-il pas besoin, lui aussi, d'un bon bain ? Sans hésiter, elle le plongea dans l'eau savonneuse. Catastrophe !

L'eau du baquet se teinta aussitôt d'un rouge trouble, avalant sans pitié la couleur de son compagnon de jeu. Immédiatement, un frisson d'effroi la parcourut. Que dirait Mémère en voyant cela ? Son cœur tambourinait dans sa poitrine alors que son grand-père, témoin silencieux de la scène, s'approcha en hochant la tête, un sourire en coin. D'un geste tranquille, il repêcha la peluche détrempée, mais dans quel état ! L'ours ruisselait misérablement, sa fourrure, autrefois éclatante, désormais terne et délavée.

D'un air grave, le grand-père l'accrocha par les oreilles avec deux pinces à linge sur le fil, où il pendit lamentablement, comme un malheureux condamné au séchage. Mamy, désemparée, se laissa tomber sur l'herbe et éclata en sanglots. Elle n'avait pas voulu lui faire de mal ! Et pourtant, à cause d'elle, son ours ne retrouverait jamais son rouge éclatant. Ce fut l'un de ses premiers chagrins, de ceux qu'on n'oublie pas, même en grandissant.

Mamy m'a aussi raconté qu'en 1941, une moitié de la France était occupée par les Allemands. La Deuxième Guerre mondiale faisait rage, et le danger était omniprésent. Dès qu'un avion ennemi tournoyait au-dessus de la région, une alerte était donnée, et les habitants descendaient précipitamment à la cave, serrés les uns contre les autres dans l'obscurité moite, retenant leur souffle à chaque vrombissement sinistre dans le ciel. L'air y était lourd d'angoisse et de terreur, mêlé à l'odeur du salpêtre et des corps blottis les uns contre les autres.

Elle se souvient particulièrement d'un soldat allemand qui venait s'abriter avec eux. Il n'était pas comme les autres, il n'avait pas ce regard dur et impénétrable des hommes en uniforme. Un jour, il avait voulu la prendre dans ses bras, troublé par la ressemblance frappante entre elle et sa propre fillette restée en Allemagne. Mais Mamy, pétrifiée par la peur, s'était aussitôt réfugiée derrière sa mère, incapable d'oublier que sous cet air bienveillant, il portait l'uniforme de l'ennemi. « Moi aussi, j'aurais eu peur de cet Allemand, même s'il paraissait gentil ! »

Chapitre 2
La jeunesse de Robert

Les souvenirs de cette époque sont rares, non seulement parce que le temps a passé, mais aussi parce que le père de Mamy, le seul à posséder un appareil photo, avait été mobilisé. Il n'était plus là pour immortaliser les instants du quotidien, laissant derrière lui une famille qui survivait comme elle le pouvait. Sa mère, comme presque toutes les femmes du village, travaillait à l'usine de tissage, accompagnée de sa sœur Lucienne. Là-bas, le bruit assourdissant des métiers à tisser résonnait du matin au soir, une symphonie mécanique implacable qui dictait le rythme des journées.

Dès l'âge de douze ans, les enfants étaient envoyés à l'usine à la sortie de l'école. Il n'y avait pas d'autre choix : on obéissait aux parents, on obéissait à la sirène qui hurlait à l'aube, annonçait la pause de midi et sonnait la fin de la journée. Huit heures de travail, six jours sur sept, avec pour seule trêve le dimanche, où le village retrouvait un semblant de vie.

« J'ai eu la chance de ne pas connaître cette époque ! pensais-je en l'écoutant. Les jeunes de ma génération ne se rendent pas compte du confort qu'ils ont, libres de choisir leur avenir, de rester chez leurs parents aussi longtemps qu'ils le veulent, sans rien avoir à donner en retour. »

Dans l'atelier, les apprentis étaient placés sous l'aile d'un ouvrier chevronné qui leur enseignait l'art exigeant du tissage. Il fallait une vigilance constante pour surveiller quatre, parfois six métiers, puis 24 à la fois. Un seul fil cassé, et c'était tout l'ouvrage qui risquait d'être gâché. Il fallait alors détisser minutieusement la partie défectueuse, une perte de temps précieux, car le salaire dépendait du nombre de mètres de toile produits.

Le vacarme était assourdissant. Trois cent soixante machines en mouvement, un tonnerre métallique ininterrompu qui contraignait les ouvriers à communiquer par gestes, développant un langage silencieux propre à l'usine. Pas de casque pour atténuer la cacophonie, pas de précaution contre la poussière de coton qui flottait en permanence dans l'air, s'accrochant aux cheveux, à la peau, aux vêtements et s'infiltrant insidieusement dans les poumons. Beaucoup finissaient leur carrière à moitié sourds, la respiration sifflante.

Et c'est dans cette usine que Robert, mon arrière-grand-père, entre en jeu dans l'histoire de notre famille…

Même si le récit risque de sembler un peu long, je ne peux me résoudre à omettre aucun des traits de caractère de mon arrière-grand-père ni les événements qui ont marqué sa vie, ceux qui l'ont poussé à quitter ses

Vosges natales, cette terre qui portait en elle les racines profondes de ses ancêtres, ancrés là depuis des siècles. Il semblait, lui aussi, indéracinable, comme un vieux sapin de la forêt, mais en réalité, son destin a été tout autre. Son enfance, je le reconnais, m'a profondément bouleversée.

À 12 ans, il obtient son certificat d'études. Ce diplôme, je n'en avais jamais entendu parler, mais il paraît qu'il équivalait, à l'époque, à ce que nous appelons aujourd'hui le baccalauréat. Un passage obligé pour celui qui voulait prouver son érudition, son aptitude à saisir les complexités du monde. Pour l'obtenir, il fallait non seulement une maîtrise irréprochable de l'orthographe, de l'histoire et de la géographie, mais aussi un esprit acéré capable de résoudre des problèmes complexes où des bassins se vidaient, des trains se croisaient et des calculs minutieux étaient nécessaires. Il fallait aussi connaître les chants patriotiques, ce qui, en ces temps, n'était pas qu'une simple question de musique, mais d'honneur et d'engagement.

Cependant, à 12 ans, à peine son certificat en poche, son père, inflexible, ne lui accorde même pas un seul jour de repos. Il le fait embaucher, contre sa volonté, dans une scierie. Cette région, dense de forêts de sapins, abritait de nombreuses scieries, où l'on découpait le bois pour en faire des planches. Mon arrière-grand-père se retrouvait là, enfant encore, à scier de lourdes planches, qu'il transformait en caisses, des objets à la fois utilitaires et symboliques de son travail acharné. Il partait de chez lui à vélo, dès l'aube, sa musette au dos, ne contenant qu'un maigre repas qu'il mangeait sur place, sous la pluie ou sous le soleil, sans jamais se plaindre. Les journées de travail, interminables, duraient huit heures, et l'âme des enfants, comme celle de mon grand-père, n'était guère épargnée. Les enfants de la région étaient traités durement : leur salaire, aussi maigre fût-il, était immédiatement remis aux parents, sans le moindre retour pour eux-mêmes. Et quand le salaire devenait insuffisant pour subvenir aux besoins familiaux, son père trouvait un autre patron, plus exigeant encore, et ainsi de suite.

Dans cette fratrie, il n'était pas le seul à être en prise avec l'avenir. Son demi-frère, plus âgé, eut la chance d'entrer en apprentissage chez un horloger à Nancy, une chance qui allait profondément changer le cours des choses. Dans cette ville, il apprit le métier d'horloger, mais bien plus que cela. Il développa une passion pour la technique, la précision et la mécanique. Cette expérience, il la transmit généreusement à Robert. Ensemble, ils s'initient à un domaine nouveau, fascinant : la radio, et au cinéma. Ils s'improvisent ingénieurs et créateurs, fabriquant une caméra et un projecteur, qu'ils utilisaient pour tourner leurs propres films comiques. Un projet qui leur valut une reconnaissance locale. Ils projetaient leurs films dans le café du village, rendant à la simple projection une forme de magie. Leur réputation grandit, et bientôt, Robert réussira à arrondir ses fins de mois en capturant des instants de vie pour les familles, immortalisant des sourires et des souvenirs dans des photographies, tout en continuant à rêver d'autres inventions.

Une loi, qui fait passer la semaine de travail de 48 à 40 heures, offre enfin aux ouvriers un jour de congé supplémentaire. Jusque-là, leur unique jour de repos était le dimanche, bien maigre consolation après une semaine épuisante. Robert, met à profit ce temps libéré du samedi pour apprendre à conduire auprès du garagiste du village. À l'époque, les premières voitures commencent tout juste à circuler, symboles d'une époque qui bascule. Quelques séances suffirent à Robert pour obtenir le fameux permis, un précieux sésame qu'il décrocha avec une facilité étonnante.

« De nos jours, obtenir ce permis exige une multitude de leçons, souvent très coûteuses, et rares sont ceux qui l'obtiennent du premier coup ! »

À 20 ans, après une adolescence marquée par le travail, et une jeunesse à la fois morne et éclairée par les heures passées à bricoler avec son frère André, Robert ressent un grand vide intérieur. Les connaissances techniques qu'il a acquises en réparant tout ce qui pouvait être réparé n'ont pas suffi à combler ce sentiment de lassitude. Il veut s'échapper de cette existence monotone, mais comment ? Le quotidien dans l'usine de tissage, où il est réduit à obéir aux exigences d'un patron insensible et aux rouages d'une machine déshumanisante, n'a plus de sens pour lui. Il attend le moment favorable pour se libérer de cette existence terne, en quête d'un sens, d'une vie meilleure.

Robert a de grandes ambitions, des rêves qui ne peuvent se satisfaire d'un quotidien aussi étouffant. En avril 1935, à 21 ans, après avoir passé le conseil de révision, il est déclaré apte pour le service militaire. L'armée l'envoie à la caserne de Dijon. Être éloigné de sa famille, obéir aux ordres des supérieurs, marcher au pas, faire son lit au carré, franchir le mur du combattant, tout cela semblait être un univers à part. Mais pour lui, cette discipline, cette hiérarchie, n'étaient rien de nouveau. Depuis son enfance, il avait appris à obéir, d'abord à ses maîtres d'école, puis à son père et à ses patrons. Ce monde n'était donc qu'un autre pas de plus dans une existence qu'il connaissait déjà bien.

Après trois mois de classes, entre exercices et manœuvres d'armement, Robert est affecté au service photographique de l'armée. Un choix qui, contre toute attente, lui convient parfaitement. La photographie, un domaine qu'il avait toujours trouvé fascinant, devient pour lui une véritable bouffée d'air frais.

En octobre 1936, après 18 mois de service, il est libéré de ses obligations militaires. À son retour, une nouvelle opportunité s'offre à lui : les usines Peugeot de Sochaux recherchent de la main-d'œuvre. Robert s'y rend immédiatement et passe les tests. Les résultats sont positifs, tout comme l'entretien avec le formateur. Il quitte avec soulagement le carcan de l'usine de tissage pour rejoindre Sochaux, un premier pas vers la liberté, un premier pas vers son avenir. Son salaire horaire grimpe considérablement, passant de 2,5 F à 5,45 F. Il loge et prend ses repas à l'hôtel Peugeot. Ce changement de situation est un véritable tremplin pour lui.

Affecté au service électrique, Robert se trouve enfin dans un environnement où il peut prendre des initiatives, plutôt que de se soumettre aveuglément aux exigences d'une machine. Ce nouveau défi l'excite. Il se présente à un examen pour devenir professionnel, et son salaire horaire s'élève encore à 8 F. Mais, au-delà de l'aspect financier, cette évolution symbolise surtout un accomplissement personnel. En automne 1938, il épouse Suzanne dans l'église de Vagney. Avec leurs économies, ils achètent le nécessaire pour meubler leur foyer : chambre à coucher, buffet, table et chaises, vaisselle, linge… Tout ce qui fait le début d'une vie à deux.

À partir de ce moment-là, Robert rentre chaque week-end près de sa femme, pour goûter à la tranquillité d'un foyer qu'il avait tant désiré. Au printemps 1939, Mamy vient au monde, un bonheur tout neuf, une source d'optimisme pour l'avenir. Enfin, il semble que les jours heureux soient venus pour la petite famille. Robert imagine sa vie pleine de projets. Mais le destin en décide autrement.

Le 28 août 1939, un ordre de mobilisation partielle le rappelle à Dijon. Mamy n'a que cinq mois. Les rumeurs de guerre se font entendre, mais personne n'imagine encore l'ampleur de ce qui va se jouer. La France insouciante continue à vaquer à ses occupations quotidiennes. Robert et ses compagnons sont affectés à des travaux inutiles : creuser des tranchées dans la boue. Cinq jours passent ainsi, sans qu'ils ne sachent pourquoi on les prive de toute information. C'est un enfant du village voisin, courant à perdre haleine, qui leur apprend la terrible nouvelle : la guerre est déclarée. Le 1er septembre 1939, l'Allemagne envahit la Pologne, et, deux jours plus tard, la France et l'Angleterre déclarent la guerre.

Mais rien ne change pour ces hommes, qui continuent à végéter dans ce campement sans savoir pourquoi. Ce n'est qu'un peu plus tard que Robert reçoit une autre nouvelle : les usines Peugeot, en manque de main-d'œuvre qualifiée, l'appellent à reprendre son poste. C'est une aubaine pour lui, une chance inespérée, mais cette situation ne dure pas longtemps. Le 10 juin 1940, les troupes allemandes envahissent le territoire français. La panique s'empare des habitants, qui ne savaient pas comment la guerre allait se terminer. La fuite précipitée vers le sud, l'incertitude totale… Ces instants de confusion marqueront à jamais la mémoire de Robert.

Chapitre 3

L'exode

Le 3 juin, il reçoit son troisième ordre de mobilisation, avec l'obligation de quitter Sochaux dans la précipitation et de se rendre à la base aérienne de Clermont-Ferrand, dans le Puy-de-Dôme. Le pays est en guerre, et les heures se comptent. Il a juste le temps de passer dire au revoir à sa famille, un au revoir lourd de sens, tout en se demandant, avec une angoisse sourde, reverra-t-il ceux qu'il aime ?

« Et voilà que la situation se complique, car en un clin d'œil, il va parcourir des distances considérables, s'éloignant de plus en plus de ses proches, et j'imagine l'inquiétude grandissante, celle qui s'empare de lui, mais aussi de Suzanne, qui se retrouve seule, avec Mamy toute petite. »

Tout va aller si vite, comme un enchaînement inéluctable de catastrophes.

Le 14 juin, il se rend à la gare de Vagney, mais l'attente est vaine. La gare d'Épinal, récemment bombardée par l'aviation allemande, a été réduite en ruines. Le train, qui devrait normalement le mener vers le sud, est désormais hors d'atteinte. Par ailleurs, tous les hommes reçoivent l'ordre de se rendre à Beaune en Côte d'Or, à une quarantaine de kilomètres au sud de Dijon. Mais qui a émis cet ordre ? Qui est responsable de ce chaos ? Il se rend à la gendarmerie, mais à son arrivée, les gendarmes ont déjà pris la fuite, les premiers à fuir, abandonnant la population à son sort. Le sentiment d'insécurité est palpable, comme un poison qui se répand dans la ville, envahissant les esprits. L'angoisse devient collective. Les autorités ont déserté, laissant les gens livrés à eux-mêmes, sans réponse aux questions essentielles : Où sont les Allemands ? Et où faut-il fuir ?

Tout le monde est en proie à une angoisse irrationnelle. La panique se diffuse comme une traînée de poudre. La débandade est totale. Les trains, désormais cibles évidentes pour l'aviation ennemie, sont inutilisables. Les quelques chanceux qui possèdent encore un véhicule prennent la route, roulant à toute allure dans une mer de poussière et de détresse. Les autres, les malheureux sans voiture, n'ont d'autre choix que de marcher, hagards, les yeux pleins d'effroi, se dirigeant vers le sud dans une fuite éperdue.

« J'imagine l'impuissance des habitants, paralysés par la peur, ne sachant où aller, cherchant un chemin dans cette nuit d'incertitude. Quelle désolation ! Ce n'est pas un film, c'est la réalité brute ! »

L'oncle Eugène, au cœur de ce tumulte, fait une offre inespérée. Il invite son neveu à monter dans sa voiture, avec d'autres personnes. À l'arrière, ils sont entassés comme du bétail, mais au moins, ils ne sont pas forcés de marcher. Ils quittent la ville dans la soirée, s'enfonçant sur une route saturée de monde. Des files interminables d'hommes, épuisés, au regard perdu, avancent à un rythme douloureux. Ces malheureux regardent les véhicules qui passent, remplis de gens, et un sentiment de frustration rageuse les envahit. Un homme, perdant toute contenance, frappe violemment le capot de la voiture, lançant des insultes à la volée envers les occupants, ces privilégiés qui ne sont pas à pied.

La nuit du 14 au 15 juin 1940 est une nuit d'horreur, où l'angoisse et la fatigue se mêlent. L'avancée vers Dijon devient de plus en plus difficile. La route est bloquée, non seulement par des véhicules, mais aussi par des femmes, des enfants, des vieillards, tous fuyants dans un chaos organisé uniquement par la peur. Les femmes, les bras chargés d'enfants, semblent désemparées. Les pleurs des enfants, assoiffés et affamés, déchirent l'air. Les vieillards, eux, avancent lentement, leurs pas hésitants, ralentissant le mouvement de la foule. La voiture, poussée par un moteur fatigué, avance par à-coups, serrée entre des files humaines qui n'ont plus de direction. À chaque halte, les regards des voyageurs croisent ceux des marcheurs, une douleur partagée, et la honte s'insinue dans leur cœur, car, malgré tout, ils ont la chance de rouler, de ne pas être à pied.

Des éclats lumineux illuminent le ciel au loin, probablement des bombardements. Les hommes, démoralisés, sans repères, sont désormais entremêlés avec les réfugiés, eux aussi fuyant l'horreur, emportant leurs biens les plus précieux, dans un élan de survie collective. La nuit semble infinie.

L'exode concerna dix millions de personnes, une vague humaine dévastatrice, un exode chaotique où des familles entières abandonnaient tout ce qu'elles avaient pour fuir vers le sud, dans l'espoir d'échapper à l'inconnu.

« Je n'aurais pas voulu vivre la situation de Robert, pourtant chanceux d'être dans la voiture de son oncle, un peu à l'abri de ce tumulte. »

Après une nuit interminable à rouler sur des routes encombrées, ils arrivent enfin à Dijon, juste au moment où le jour commence à poindre. La ville, elle aussi, est prise dans le tourbillon de la peur : des foules s'agglutinent sur les quais, les habitants de Dijon terrifiés, tentent de fuir vers le Midi, se bousculant, se pressant comme des moutons pris dans un enclos.

Dans cette folle ruée vers le sud, où chaque individu lutte pour sa place, Robert parvient à se faufiler tant bien que mal dans un wagon à bestiaux, avec une multitude d'autres hommes, entassés dans des conditions déplorables. Il se dit que, malgré tout, il a eu la chance d'obtenir une place, même si elle est loin d'être confortable. Les regards envieux des malheureux qui courent encore sur les quais vers les trains bondés ne font qu'ajouter à la tension ambiante. Il se sent pris dans un tourbillon d'incertitude, où chaque minute qui passe alourdit l'atmosphère de désespoir. Le train roule dans une lenteur insupportable, s'arrêtant sans cesse, repartant comme un vieux train fatigué, offrant à ses occupants un voyage interminable, une épreuve où la sueur, la peur et la frustration se mêlent. Finalement, après une éternité, le train arrive enfin sur le terrain d'aviation de Clermont-Ferrand. Les hommes se précipitent hors du train, fuyant la promesse d'un ennemi qui avance inexorablement. Ils se rendent au bureau d'incorporation, et Robert, épuisé, mais soulagé d'être arrivé jusqu'ici, reçoit une couverture militaire, mais pas de vêtements.

« Donc il portait toujours les mêmes habits depuis son départ de Sochaux ? C'est incroyable ! » pense Hippolyte.

Ils vivent une situation à la fois absurde et inacceptable. La fatigue s'ajoute à la confusion. Robert passe la nuit dans une grange, un endroit insalubre où des hommes déjà arrivés avant lui sont entassés. L'odeur de la paille humide et la promiscuité rendent le sommeil quasi impossible et le matin, l'angoisse refait surface. Les Allemands approchent, et il n'y a pas de temps à perdre. Il faut fuir, fuir encore et toujours, avant d'être pris au piège.

Le lendemain, les hommes sont entassés dans des camions, direction la gare de Clermont-Ferrand. La scène est fidèle à la débâcle : des wagons à bestiaux surchargés, bondés de réfugiés, et la poussière qui s'élève comme un voile épais sur cette fuite éperdue. Les trains sont pleins à craquer, c'est la fuite de l'armée française, une fuite sans gloire, sans bataille, un repli honteux devant l'ennemi. Le tumulte est total, et la peur palpable dans chaque recoin de cette débandade. Le voyage continue, et après une traversée éprouvante, Robert finit par arriver à Rodez, dans l'Aveyron. Un nom qu'il connaît vaguement, seulement à travers l'Affaire Fualdès, et encore, ce n'est qu'une vague idée. Il se retrouve dans cette région inconnue, un étranger parmi les étrangers.

Ils sont logés sur une scène de théâtre, où la paille est leur seul matelas. Mais il ne s'agit pas de confort : la litière est infestée de puces, et, comme tout le monde, Robert passe la nuit à se gratter sans fermer l'œil de la nuit. La situation est déplorable, mais cela semble être le moindre mal. Le lendemain, ils sont à nouveau embarqués dans un train qui les mène à Carmaux, Albi, puis Gaillac, où le voyage prend fin, du moins temporairement. Au cœur de cette région qu'il ne connaît pas, où la chaleur accablante commence à se faire sentir, Robert réalise que le temps a filé, que son passé vosgien est loin derrière lui.

Le 22 juin, l'armistice signé près de Compiègne divise la France en deux : une zone occupée par l'armée allemande, où vit sa famille, et une zone libre, où il se trouve, sans l'avoir choisie. La question de savoir comment revoir les siens semble de plus en plus improbable. Comment se retrouver dans un pays déchiré ? Comment renouer avec ceux qu'il aime, séparés par cette frontière invisible, mais bien réelle ?

« Suspense ! Comment l'histoire va-t-elle se terminer ? C'est un vrai roman d'aventures qu'a vécu mon ancêtre ! »

Et Robert, à l'aube d'une aventure qui le dépasse, se demande lui-même comment il va pouvoir se reconstruire après ce bouleversement total.

Les hommes restèrent à Gaillac dans une longue inactivité, comme suspendus dans le temps, le rythme de leurs journées brisé par l'absence de nouvelles directives. Chacun trouvait refuge dans des occupations simples, presque anodines, pour oublier la lourdeur de l'attente. Robert, avec une branche de noisetier, pêchait dans les eaux calmes du Tarn pour ne penser à rien. Il offrait ses prises à une vieille femme, qui, en échange, lui confectionnait des gâteaux maison dont la douceur réconfortait son âme solitaire.

« Il a aussi fabriqué un tonneau et son support, que je possède encore, » remarque Hippolyte.

Ces petites créations de Robert représentaient le tonneau qui figurait sur une place de Gaillac. Chaque jour, son esprit était hanté par une question qui n'avait de cesse de le tourmenter : quand pourrait-il enfin rentrer chez lui ? Chaque matin, il se rendait à la gendarmerie, dans l'espoir d'une réponse, mais on lui répondait invariablement que la guerre était terminée, mais que seuls ceux qui résidaient en zone libre pouvaient regagner leurs foyers. Robert, bien que pris dans cet enchevêtrement de règles et de zones géographiques, attendait de pouvoir un jour rejoindre sa famille.

Les exilés, dans leur isolement, louaient à plusieurs un poste de radio, comme une bouée de sauvetage dans l'océan de l'incertitude. Grâce aux grésillements de la radio, ils parvenaient à entendre des messages codés. Robert, dans cette quête de communication, fit passer une annonce, une simple phrase qui traversa les ondes et parvint jusqu'au directeur de l'usine de tissage. Ce dernier, un homme plein de bienveillance, informa Suzanne que son mari était sain et sauf.

« Comme elle a dû être soulagée, après des jours et des jours d'incertitude ! »

Cette nouvelle, petite, mais immense, apporta un réconfort inestimable dans leur monde en ruine, redonnant un peu de lumière à Suzanne dans ses moments les plus sombres.

Robert, toujours dans cette même volonté de maintenir le lien, apprit grâce à ses compagnons d'infortune, l'existence d'une filière secrète pour faire passer des lettres au-delà de la zone interdite. Il déposait sa missive sous une enveloppe, avec l'adresse du destinataire, puis enfermait le tout dans une autre enveloppe, cette fois à l'attention d'un passeur, accompagné d'un billet de cinq ou dix francs, monnaie d'échange dans cette guerre silencieuse des informations. Le passeur, un restaurateur de la région d'Arbois, avait l'habitude de passer la frontière entre les zones, risquant sa vie pour que les mots d'amour et d'espoir traversent les barbelés. Pour le retour, la correspondance de Suzanne faisait le même trajet, envoyée à une dame de Montbarcy, elle aussi une complice du réseau, prête à se sacrifier pour les autres. Grâce à ces âmes courageuses, Robert et Suzanne réussirent à maintenir leur connexion malgré l'ennemi qui rôdait partout.

Robert espérait que la situation finirait par s'arranger avec l'arrivée des Alliés – Anglais, Américains, Canadiens. Chaque jour, il attendait, avec une impatience mêlée de crainte, que quelque chose de concret se produise. Mais les mois passaient. Juillet, août, septembre… La guerre, bien que finie en théorie, persistait sous d'autres formes, dans les esprits, dans l'attente insupportable de jours meilleurs. Et pourtant, rien ne venait pour améliorer le quotidien, le laissant dans un suspense cruel et indéfini.

Chapitre 4
De Gaillac à Réquista

En l'espace de quelques mois à peine, la vie du Vosgien bascule. Ballotté de ville en ville – Dijon, Sochaux, Clermont-Ferrand, Gaillac – il ne maîtrise plus son destin. Puis, le 2 octobre 1940, un nouvel ordre tombe. Les autorités militaires, dont dépend sa promotion, décident de l'emmener dans l'Aveyron pour y travailler. Au cœur de ce territoire rural méconnu, il découvre l'âpreté d'une existence dictée par la contrainte.

C'est ainsi qu'il se retrouve à Plaisance, un village reculé où le temps semble suspendu. Lui et ses compagnons sont logés dans une maison en construction, au centre du bourg. Pas de confort, pas d'intimité : un simple châlit en bois surmonté d'une paillasse pour tout repos. Leur mission est éreintante, répétitive, décevante : il leur faut casser des pierres à longueur de journée pour redresser les virages d'une route sinueuse. Pics, pioches, pelles leur sont remis, comme à des forçats. L'analogie avec le bagne est douloureusement évidente. Considérés comme de la main-d'œuvre corvéable à merci, ils sont contraints de travailler, enfermés dans une impasse, car rentrer chez eux, en zone interdite, leur est impossible.

« Quelle injustice ! » s'indigne-t-on. Tout cela, pour satisfaire quelques gradés en mal d'autorité, prêts à exiger l'impossible pour décrocher quelques galons supplémentaires. Pour eux, ces hommes ne sont rien d'autre que des esclaves modernes.

« Ils auraient dû se révolter ! » murmure Hippolyte.

Chaque matin, ils prennent le chemin du chantier, parcourant à pied les kilomètres qui les séparent de leur supplice quotidien. Main-d'œuvre bon marché, exploités sans scrupule, ils sont nourris chichement. Trois fois par jour, une femme leur apporte de la soupe dans une charrette tirée par un cheval. Leur maigre solde, dérisoire, file aussitôt chez l'épicier ou le boulanger, en échange de quelques vivres supplémentaires.

Mais Robert refuse de plier. Un feu couve en lui, une révolte sourde qu'il ne peut plus contenir. Alors, le 9 novembre 1940, il prend une décision audacieuse. Il se fait porter malade. Une ruse ? Une nécessité ? Peu importe, il joue son va-tout. Et cette fois, pour la première fois, il ose défier l'autorité.

Transporté dans une vieille camionnette bringuebalante jusqu'à Réquista, il découvre un bourg animé, aux commerces foisonnants, loin du morne labeur de Plaisance. Il envie ces habitants aux professions libérales, ces gens libres de leurs mouvements, épargnés par la guerre.

L'infirmerie où il est accueilli n'a de médical que le nom : un modeste local réquisitionné, où s'entassent quelques médicaments et des vêtements militaires. Un pantalon, une veste, une paire de souliers... enfin de quoi se changer !

« Après des semaines de labeur, ses habits devaient être dans un état lamentable. Comment faisait-il pour les laver, lui qui n'avait même pas de rechange ? »

La maison, un local réquisitionné, qui donne sur la place du Vatican – une ironie, ce nom qui évoque la grandeur romaine dans ce petit village – abrite l'infirmerie au rez-de-chaussée. À l'étage, deux chambres, dont l'une devient son refuge. Pour la première fois depuis des semaines, il s'allonge dans un véritable lit. Il s'autorise quelques jours de répit, le luxe d'une réflexion. Retourner casser des cailloux ? Impossible. Mais alors, que faire ?

Ici, la guerre semble lointaine. Les habitants poursuivent leur quotidien, indifférents aux bouleversements du monde. Pourtant, le destin va enfin lui sourire.

Le jeune infirmier qui dirige le centre est rappelé dans ses foyers. Le médecin militaire, en manque de personnel, lui propose un rôle inespéré :

– Nous avons besoin de vos services, restez avec nous.

L'occasion est trop belle. Robert accepte sans hésiter. Il devient infirmier. Lui qui n'avait d'autre horizon que la poussière des routes apprend désormais à poser des ventouses, préparer des cataplasmes, soigner des plaies, apporter les premiers secours aux blessés. Il gère également le stock de médicaments, une tâche simple, mais qui lui assure une certaine sécurité. Le contraste est saisissant : de forçat, il devient soignant. Il est utile autrement, il retrouve un semblant de dignité.

Puis, un jour, la guerre rattrape ce coin perdu d'Aveyron. Des camions militaires s'arrêtent sur la place de la mairie. Ils déversent une trentaine de réfugiés lorrains, hommes, femmes, enfants, chassés de leur terre avec pour seul bagage trente kilos d'effets personnels.

Leur accent trahit leur origine. Méfiants, les villageois chuchotent : « Ce sont des Allemands... » Robert intervient aussitôt :

— Non, ce sont des Lorrains !

Grâce à la municipalité, huit familles trouvent refuge dans des logements réquisitionnés. Mais une neuvième reste sans toit. Sans hésiter, Robert lui cède sa chambre. Il prend ses maigres affaires et s'installe dans le débarras, une pièce exiguë, froide et sombre. Peu lui importe. Ce geste, simple en apparence, lui semble une évidence.

C'est là qu'il dormira désormais, couché sur quelques mois de souvenirs et d'incertitudes entre une caisse et un tas de charbon.

Chapitre 5
La famille se retrouve

Les événements climatiques vont le servir. Comment résister au terrible hiver 1940, dans ce débarras où il n'a qu'une couverture ? Le Mac Gyver fait fonctionner ses méninges et fabrique un radiateur parabolique avec un réflecteur de phare de voiture et une assiette de soldat en fer étamé qui sert de pied. La partie isolante où est enroulée la résistance provient d'une poignée de casserole en terre. À l'aide d'un fil de fer costaud, il rassemble les éléments. Il se procure la résistance, le fil et la prise de courant chez le quincaillier à qui il montre sa création. Celui-ci, surpris par ce bricolage ingénieux, lui dit sceptique :

– Vous croyez que ça va marcher ?

– Bien sûr, je vous ferai une démonstration dès que j'aurai terminé.

En effet, le radiateur fonctionne parfaitement. Cette réalisation révèle ses talents de bricoleur au quincaillier, qui voit son intérêt en l'embauchant.

« Enfin les capacités de Robert sont reconnues et vont lui venir en aide ! »

Il écrit la bonne nouvelle à Suzanne et lui envoie son certificat de travail, indispensable pour la faire sortir de la zone interdite, puis il se rend à la ville la plus proche pour se faire démobiliser. Son nouvel emploi consiste à monter les postes de radio, on disait TSF, qui arrivent en pièces détachées. L'électrification des campagnes étant en bonne voie, les familles veulent être informées sur les événements et se procurer des équipements électriques : radiateurs, fer à repasser, etc. Ensuite, il répare les appareils en tous genres qu'on lui apporte.

Quand Suzanne annonce qu'elle a décidé de le rejoindre à Réquista, le père de son patron propose de faire construire un modeste logement et un atelier sur son terrain près de l'église. Ainsi Robert et sa famille seront logés sur place grâce à ses capacités enfin reconnues.

« Mamy arrive à Réquista avec sa maman un soir de septembre 1941 par l'autobus avec une valise et un filet à provisions pour tout bagage. De ce voyage en car elle retient la gentillesse d'une dame de l'Hôpital Bellegarde qui lui avait offert un bonbon, friandise rare en cette période de privations. »

Courageusement Suzanne a quitté Sapois et sa famille pour rejoindre Robert en traversant la France et en passant la ligne de démarcation. Quelle aventure ! Qu'allait-elle trouver dans le sud inconnu ?

La femme du patron de Robert lui avait écrit : venez, vous ne manquerez de rien par ici.

« J'imagine sans peine la joie des retrouvailles. »

Après quinze mois de séparation, Mamy ne reconnaissait pas son père, mais il sut l'apprivoiser avec un biberon de lait tiède et crémeux.

« Ah ! Elle s'est fait convaincre par la gourmandise ! »

Ils ont passé plusieurs nuits à l'hôtel des voyageurs tenu par le couple Cœurveillé en face de la pharmacie du bas. Ensuite, Mamy m'a précisé que le patron de son père les a logés durant deux mois, avenue d'Albi, chez sa cousine Pauline, le temps nécessaire à la construction du logement près de l'église.

À deux ans et demi, elle avait emmagasiné dans sa mémoire la configuration de ce logement, une pièce au rez-de-chaussée et un escalier qui montait à l'étage. Un clou planté dans une poutre du plafond servait de support à un petit panier que lui avait offert le Portugais Rébello. Son père lui apprenait à lancer le panier jusqu'à ce que l'anse s'accroche au clou. Il l'initiait aux jeux d'adresse pour occuper le temps comme celui de lancer un anneau autour du goulot d'une bouteille. À force d'essais, elle finit par maîtriser l'exercice, un amusement qui lui fait oublier le reste. Que faire d'autre ?

Quand elle sortait sur le trottoir devant la maison, la fille de l'institutrice Mme Sourèzes s'arrêtait pour la regarder et dire « Oh ! La belle petite fille ! Avec ses anglaises on dirait une poupée ! »

Cette phrase, anodine pour d'autres, restera gravée dans la mémoire de Mamy. Ce nouveau monde, bien que déroutant, commence à prendre forme autour d'elle, un univers où elle se construit, portée par l'amour de ses parents et l'insouciance de l'enfance.

Bientôt, ils changèrent de quartier pour habiter près de l'église, un emplacement stratégique, mais bruyant, où le carillon des cloches leur cassait les oreilles matin, midi et soir, résonnant jusque dans les murs de leur nouvelle demeure. L'habitation, toute neuve, était modeste, mais suffisante pour eux trois, avec une cuisine, un séjour et une chambre. La cuisine était pourvue d'une cuisinière, une table et trois chaises, un évier pourvu d'eau et d'une fenêtre donnant sur la cour. À travers la fenêtre, tous les trois se régalaient du spectacle des moineaux venant picorer les miettes. Un jour, Robert en remarqua un avec une patte brisée. Il parvint à l'attraper et lui confectionna une attelle avec une allumette.

La pièce centrale était meublée d'un buffet, table, chaise, la machine à coudre, un véritable meuble sur lequel trônait le poste radio, dans un coin, un radiateur électrique. Dans la chambre un lit double, un petit lit, une armoire. L'ensemble était modeste, mais bien venu pour que les exilés se construisent une vie nouvelle.

Le premier souvenir qu'elle garda de cette maison fut celui d'un soir particulier. Ce soir-là, ses parents l'avaient couchée tôt, profitant de la douceur de la nuit pour bavarder dans la cour avec la bonne du patron. Les volets étaient restés ouverts, laissant entrer un souffle d'air nocturne, chargé du parfum des glycines en fleurs. Dans la pièce plongée dans une semi-obscurité, elle s'endormit paisiblement, bercée par les éclats de voix lointains et les bruissements de la nuit.

Mais soudain, une lueur étrange la tira brutalement de son sommeil. Suspendue dans le ciel, une énorme masse lumineuse l'observait à travers la fenêtre. C'était une pleine lune éclatante, argentée, majestueuse… mais pour elle, c'était un monstre silencieux, une menace immobile aux yeux ronds et perçants. Une terreur indicible s'empara d'elle. Son petit corps se raidit, son cœur tambourina dans sa poitrine. Incapable de détacher son regard de cette forme spectrale, elle poussa un cri, un hurlement déchirant qui fendit la nuit. Puis, en proie à la panique, elle se débattit, cherchant à échapper à cette chose qui la fixait sans ciller. Dans son désespoir, ses petites mains agrippèrent le tissu de sa chemise de nuit et la déchirèrent d'un geste convulsif.

Alertés par ses cris, ses parents accoururent précipitamment, inquiets. Ils la trouvèrent en sueur, secouée de sanglots, les yeux écarquillés de frayeur. Lorsqu'ils comprirent la cause de son effroi, un sourire amusé éclaira leurs visages. « Mais enfin, ce n'est que la lune ! » s'exclama son père, surpris par sa réaction incompréhensible. Sa mère la gronda, ne comprenant pas cette frayeur singulière.

« Moi aussi, j'aurais eu peur à sa place, pauvre Mamy ! Sa mère aurait quand même pu fermer les volets avant de sortir ! »

Ils firent connaissance avec leur nouvel environnement. Leurs plus proches voisins formaient un petit monde à part entière : Maître Espinasse, le notaire, toujours tiré à quatre épingles, M. Verdeille, l'instituteur, et sa fille Annie, M. et Mme Bertrand, un couple généreux. En effet, Mme Bertrand, habile de ses mains, avait confectionné pour Suzanne un châle en laine crocheté, afin de soulager les rhumatismes naissants sur ses épaules.

Leur maison se trouvait dans le bâtiment qui est aujourd'hui le magasin U. Non loin de là, de l'autre côté de l'église, se dressait la maison du docteur Mazeran et de ses quatre filles, dont Monique, qui deviendrait bientôt la grande amie de Mamy. En face, se tenait l'hôtel Galzin, aujourd'hui transformé en maison de santé, et à quelques pas, le garage Genyès, où le bruit des moteurs et les odeurs de l'huile et d'essence imprégnaient l'air.

Face à l'église, le presbytère se dressait avec son grand jardin entouré d'un mur de pierre, refuge paisible où le curé Marc, figure austère et respectée, arpentait souvent les allées, son bréviaire en main. Chaque jour, il quittait la cure d'un pas lent et mesuré pour se rendre à l'église, saluant les passants d'un léger mouvement de tête, dans une routine immuable que le temps n'altérait pas.

Dans ce quartier vivant, où les cloches rythmaient le quotidien et où chaque maison recelait ses histoires, Mamy grandissait, découvrant peu à peu ce monde qui allait devenir le sien.

Chapitre 6
L'école Saint-Joseph

La nouvelle de l'arrivée de cette famille s'était rapidement répandue dans le village, jusqu'aux oreilles attentives des religieuses du couvent voisin. L'institution Saint-Joseph, austère bâtisse de pierre aux volets toujours clos, accueillait les élèves de la maternelle jusqu'à la troisième, et même au-delà, avec un cours ménager destiné à former les jeunes filles à leur futur rôle d'épouses et de mères accomplies.

Les sœurs, à la fois bienveillantes et déterminées, se relayaient pour aller à la rencontre des nouveaux arrivants. Un après-midi, deux d'entre elles se présentèrent chez les parents de Mamy, leur air sévère tempéré par des sourires engageants. D'une voix douce, mais ferme, l'une d'elles déclara :

– Donnez-nous la petite, elle sera bien chez nous.

Face à l'hésitation des parents, la seconde renchérit, avec une pointe de flatterie dans la voix :

– Chez vous, ça sent bon l'Alsace et la Lorraine. Tout y est d'une propreté irréprochable, on voit que la tenue du ménage ne vous est pas étrangère…

Les parents de Mamy, catholiques, mais non pratiquants, n'avaient pas de penchant particulier pour l'école libre. Pourtant, face à l'insistance des religieuses, et par simple lassitude, ils cédèrent. C'est ainsi qu'en octobre 1941, Mamy fit son entrée en maternelle, à deux ans et demi, encore emmitouflée dans son burnous rose de bébé, vestige de son enfance encore toute proche.

La façade principale du bâtiment imposant de l'institution Saint-Joseph s'étendait sur une partie de la rue principale. Pour Mamy, il suffisait de monter dans une rue étroite pour accéder à l'entrée qui donnait sur un passage sombre. À gauche, quelques marches menaient dans la cour de récréation en passant devant les WC tandis qu'à droite, une porte s'ouvrait sur la salle de la maternelle au rez-de-chaussée.

Dès son arrivée, Mamy fut impressionnée par la silhouette austère de sœur Jean Chrysostome. La religieuse, grande et vêtue d'une robe noire sévère, avançait d'un pas fluide, son voile effleurant ses épaules et son long chapelet cliquetant au rythme de sa marche. Son sourire chaleureux adoucissait son apparence stricte. Se penchant vers Mamy, elle lui tendit sa croix de métal suspendue à la ceinture et l'invita doucement :

– Embrasse-la, mon enfant.

Trop intimidée pour protester, Mamy obéit, sentant sous ses lèvres le froid du métal poli. Satisfaite, la sœur lui attribua une place tout près de son bureau. Désireuse de se faire bien voir, Mamy se montra appliquée et studieuse, déployant tous ses efforts pour gagner la sympathie de la religieuse. Loin d'être une élève ordinaire, elle connaissait déjà les lettres de l'alphabet et les chiffres, que sa mère lui avait patiemment enseignés à l'aide de petits cubes colorés. Cet avantage lui permit de se distinguer rapidement, devenant l'élève préférée de sœur Jean Chrysostome, ce qui suscitait tout autant l'admiration que l'envie de ses camarades.

Mais ce dont Mamy se souvenait surtout, c'était la récréation de 10 h 15. Dès que la cloche retentissait, les enfants se précipitaient vers la cour, une petite cour en terre et ombragée par deux acacias majestueux, elle s'ouvrait sur l'espace réservé aux plus grandes, où un immense marronnier étendait ses branches comme une ombrelle protectrice.

Les petites s'accrochaient aux barreaux du mur qui séparait les deux cours, se hissant tant bien que mal sur le mur pour apercevoir leurs aînées jouer à la marelle ou à la corde à sauter. Une élève, prénommée Dédée, apportait chaque matin des châtaignes bouillies dans un sac en papier, un luxe pour certaines, une découverte pour d'autres. Sœur Jean Chrysostome, avec patience, les décortiquait une à une et les distribuait aux fillettes, qui ouvraient la bouche en attendant leur tour, telles de petites hirondelles affamées.

Pour Mamy, venue des Vosges, où les sapins dominaient le paysage, ces châtaignes étaient une véritable révélation. Leur goût légèrement sucré et leur texture farineuse lui semblaient à la fois étranges et réconfortants.

Toutefois, il y avait un rituel que Mamy redoutait : le passage obligé aux toilettes avant le retour en classe. Sœur Jean Chrysostome, prévoyante, leur rappelait avec autorité :

– Avant de rentrer, passez au petit coin, mes enfants !

Mais Mamy refusait obstinément. Ces toilettes rudimentaires, sombres et malodorantes, lui inspiraient une profonde répulsion. La porte branlante fermait à peine, laissant filtrer courants d'air et regards curieux. Elle préférait se retenir, au grand étonnement de ses camarades, qui la trouvaient bien étrange.

Son aversion s'accentua un matin où un incident la marqua à jamais. Monique, un peu trop pressée, glissa en s'approchant du trou béant. Son pied s'enfonça brusquement dans l'ouverture, et sa jambe disparut jusqu'au genou. Lorsqu'elle se redressa, sa chaussette de laine ocre et sa chaussure étaient couvertes d'une immonde souillure. L'odeur nauséabonde se répandit aussitôt, déclenchant cris et grimaces de dégoût parmi les élèves qui attendaient leur tour. Certaines détournèrent la tête en se bouchant le nez, tandis que Monique, en larmes, restait figée d'horreur.

Mamy, observant la scène, sut à cet instant qu'elle éviterait ces lieux coûte que coûte. Plus jamais elle ne mettrait un pied dans ce réduit insalubre.

Et elle tint parole.

Dans le fond du préau, une porte basse s'ouvrait sur le lavoir, royaume de vapeur et d'effluves savonneuses, où, une fois par mois, les sœurs s'affairaient à la grande lessive. Leurs silhouettes apparaissaient fugitivement à travers les volutes humides, le voile rejeté en arrière et les manches retroussées, révélant des avant-bras pâles que les fillettes n'avaient jamais vus. C'était un spectacle fascinant et interdit. Mamy et ses camarades, poussées par une curiosité insatiable, tentaient de s'approcher sur la pointe des pieds, espérant apercevoir ce que dissimulait la coiffe rigide des religieuses. Avaient-elles des cheveux longs ou courts ? Étaient-ils noirs, gris ou peut-être rasés ? Mais à peine le temps d'entrevoir l'ombre d'une tête sans coiffe qu'un claquement sec fermait la porte, laissant les petites espionnes sur leur faim.

Puis vint le temps de la lecture. Le premier livre qu'elle ouvrit portait en lettres imprimées les noms de « Jésus, Marie, Joseph ». Des mots simples, alignés avec une austérité presque solennelle. Elle les déchiffra avec une aisance précoce et comprit aussitôt que lire, c'était s'évader, franchir les murs du couvent, courir dans des mondes invisibles que seule l'imagination pouvait bâtir.

Chez elle, les livres étaient rares. Seul un vieil almanach Vermot de l'année 40 traînait sur une étagère, illustré d'images parfois effrayantes. Une en particulier la hantait : celle d'un séisme, où la terre s'ouvrait en une faille béante, engloutissant des hommes et des femmes dans un gouffre sans fond. Cette vision la poursuivit longtemps, nourrissant en elle un mélange de fascination et d'effroi.

Il y avait aussi un recueil de chansons, dont l'une résonnait tendrement à ses oreilles : *Le P'tit Quinquin*. Sa mère la lui fredonnait d'une voix douce, et Mamy aimait être bercée par ces paroles d'un autre temps. Mais son plus grand trésor littéraire, elle le trouva dans le lavoir jouxtant leur habitation. Il y avait deux grands bassins, l'un pour le lavage, l'autre pour le rinçage, un point chauffage où le linge bouillait dans un énorme récipient et par derrière une petite pièce destinée au repassage. C'est là sur une étagère que Mamy avait découvert un album jauni, aux pages écornées, retraçant les aventures de Popeye. Cet étrange marin, tatoué, borgne et toujours une pipe vissée aux lèvres, partait à la rescousse de sa fiancée Olive, encore et toujours enlevée par l'affreux Brutus. Mamy en fut aussitôt captivée. Dès que sa mère la cherchait, elle savait où la trouver : assise par terre, absorbée dans ces images, s'émerveillant de cet univers si loin du sien.

À l'école, l'apprentissage des chiffres se faisait avec une rigueur militaire. Chaque matin, debout, les mains bien rangées derrière le dos, les élèves suivaient du regard la baguette de bois qui parcourait un tableau verdâtre, énumérant les chiffres de 1 à 100. Le silence régnait, troublé seulement par la voix ferme de sœur Jean Chrysostome qui scandait les nombres. Ce n'était qu'un exercice de reconnaissance, mais Mamy s'appliquait, fière de réciter la litanie des chiffres sans hésitation. Quand elle atteignit le centième, elle sentit une bouffée de fierté l'envahir. Elle venait de gravir un sommet inconnu, et dans son cœur d'enfant, c'était déjà une victoire.

Durant son séjour à la maternelle, sa maman l'accompagnait chaque matin et venait la chercher à midi et à 16 h 30. Elle restait en retrait, distante, ne cherchant aucun contact avec les autres mamans. C'était un monde auquel elle n'appartenait pas. À la maison, c'était Mamy qui prenait le relais, lui racontant avec précision ce qu'elle avait fait à l'école.

Chaque année, des séances récréatives étaient organisées, au moment des fêtes où les enfants endossaient des rôles costumés pour le plaisir des parents et des enseignants. Elle avait environ six ans lorsqu'elle fut choisie pour jouer dans une saynète lors de la fête de l'école. On lui confia le rôle de la bergère. Avec ses belles anglaises soigneusement bouclées, ses grands yeux bleus candides, elle incarnait à merveille cette figure pastorale. Elle devait danser en chantant :

« *Mon père avait 500 moutons (bis)*
J'en étais la bergère
Lonlaire lonlaire, lonla
J'en étais la bergère. »

Autour d'elle, ses petites camarades, accroupies sur le sol et recouvertes de peaux de mouton, faisaient les moutons. Tout se déroulait selon le scénario prévu : un jour, le loup dévora une des brebis, et tandis que la bergère pleurait sa perte, le prince surgit pour la consoler d'un baiser. Annette, une fillette vive et espiègle, tenait le rôle du prince et Bernadette celui du loup.

Le jour de la représentation, le rideau se leva sur la scène de la salle du collège Saint-Louis. D'un seul regard, elle balaya l'assemblée et aperçut, à sa grande surprise, ses parents assis parmi les spectateurs. Elle ne s'était pas attendue à leur venue, et leur présence la troubla aussitôt. Une boule d'angoisse lui noua l'estomac. Que penseraient-ils de sa prestation ? Elle craignait leur jugement plus que celui du public. Pourtant, son petit numéro fut très applaudi, et la religieuse responsable du spectacle vint même la féliciter.

En dehors de l'école, elle trouvait refuge chez une vieille dame bienveillante, la mère du patron de son père, qui la considérait comme sa propre petite-fille. Elle l'emmenait souvent dans son jardin du haut, un espace foisonnant de vie, où picoraient des volailles en liberté. Situé derrière le lotissement fraîchement construit à la place de l'ancienne école, ce jardin était un monde à part, un royaume rural où elle observait avec fascination les gestes ancestraux de l'élevage.

Parmi ces scènes gravées dans sa mémoire, le gavage des oies restait la plus marquante. La vieille dame, d'un geste sûr, attrapait l'une d'elles par le cou, la coinçait doucement entre ses jambes et lui insérait dans le bec un entonnoir. Avec une habitude presque mécanique, elle poussait la pâtée d'herbes hachées, d'orties et de maïs dans l'œsophage de l'animal, canalisant la nourriture en palpant son cou de haut en bas. Parfois, l'entonnoir se bouchait. Alors, elle prenait un bâton et le débouchait d'un coup sec.

À l'époque, Mamy était trop jeune pour mesurer la souffrance infligée à ces pauvres bêtes. C'était un spectacle banal, une tradition héritée des générations passées. Ce n'est que bien plus tard, en entendant parler des combats pour le bien-être animal, qu'elle prit conscience de cette réalité. Brigitte Bardot était passée par là, et avec elle, une prise de conscience nouvelle sur le respect des animaux.

Un jour, la vieille dame décida d'emmener Mamy rendre visite à des parents habitant Bouxoulis, un petit hameau perdu dans la campagne, à une dizaine de kilomètres de Réquista. Le voyage, loin d'être une simple promenade, devint une véritable aventure. Assise sur la banquette arrière d'une charrette bringuebalante, Mamy se cramponnait comme elle pouvait tandis que le cheval, guidé d'une main experte par le mari, trottait d'un pas alerte sur la route cailloche. Puis, sur un coup de cravache, l'animal s'élança au galop, faisant bondir la charrette sur les ornières du chemin. Secouée dans tous les sens, elle se retenait tant bien que mal, ses petites mains crispées sur le rebord du siège. Chaque cahot la projetait en avant ou la soulevait de son assise, ajoutant une dose d'excitation, mais aussi de frayeur à ce voyage mouvementé.

Lorsqu'ils arrivèrent enfin à destination, devant une maison nichée en contrebas de la route, Mamy s'empressa de descendre, soulagée d'avoir les pieds sur la terre ferme. Mais ce répit fut de courte durée. À peine eut-elle le temps d'observer les lieux qu'un bruit étrange et angoissant attira son attention. Des cris perçants, presque humains, s'élevaient du fond de la cour. Intriguée, elle s'approcha timidement et découvrit avec effroi la scène qui allait hanter ses nuits d'enfant.

Un cochon, énorme et paniqué, se débattait de toutes ses forces. Quatre hommes robustes l'agrippaient fermement par les pattes, luttant contre la résistance désespérée de l'animal. Ses hurlements déchirants résonnaient dans l'air froid du matin, mais personne ne semblait s'en émouvoir. On le traîna jusqu'à l'endroit du supplice, où il fut suspendu par les pattes arrière, son corps tendu dans un dernier spasme de survie.

Mamy sentit son cœur se serrer. Elle aurait voulu détourner le regard, s'enfuir, ne jamais avoir été témoin de cette scène. Mais elle restait là, figée, incapable de bouger.

Puis, soudain, l'éclair d'une lame brilla dans la main de l'homme chargé du sacrifice. Un coup net, précis. Le couteau s'enfonça dans la gorge de la bête, et aussitôt, une giclée de sang chaud s'échappa en bouillonnant, éclaboussant le sol et les mains de ceux qui s'affairaient autour. Une femme, habituée à ce rituel, s'agenouilla rapidement pour recueillir le précieux liquide dans une large bassine en cuivre, destinée à la préparation du boudin.

Mais le calvaire du cochon n'était pas terminé. Son corps fut pris de soubresauts incontrôlables, secoué de convulsions effrayantes. Mamy n'osait plus respirer. Puis, lentement, l'animal s'immobilisa, laissant place à la seconde phase du carnage. Un autre homme, armé d'un grand couteau, ouvrit son ventre d'un geste expert. Les entrailles fumantes jaillirent en un flot nauséabond, libérant une odeur forte et tenace qui s'accrochait à l'air ambiant. On procéda alors au découpage de la bête sur un établi improvisé, les morceaux s'empilant dans des paniers de paille.

Tétanisée, Mamy restait muette, le visage blême, les mains glacées. Elle voulait partir, fuir cette vision d'horreur. Mais elle savait qu'elle devait attendre.

Sur le chemin du retour, le panier contenant la viande fraîchement découpée fut placé sous la banquette de la charrette. Lorsqu'elle aperçut le torchon encore imbibé de sang, elle sentit un frisson lui parcourir l'échine. Instinctivement, elle remonta ses jambes, repliant ses genoux contre sa poitrine, refusant que ses pieds effleurent ne serait-ce qu'un coin du tissu souillé. Son imagination d'enfant lui jouait des tours : elle craignait que ces morceaux de chair encore tièdes bougent sous le linge, qu'un vestige de vie s'y attarde encore.

Pendant des nuits entières, cette scène continua de la hanter. Elle revoyait le cochon, ses yeux suppliants, sa lutte vaine, le rouge du sang éclaboussant le sol. Elle se réveillait en sursaut, oppressée par ces images obsédantes. Bien des années plus tard, elle avoua qu'elle faisait souvent des cauchemars liés à ce souvenir, gravé à jamais dans son esprit d'enfant.

Chapitre 7
Les restrictions

« Mamy m'a raconté comment on vivait durant ces années de guerre, une époque où les choses étaient bien différentes de ce que l'on connaît aujourd'hui. À cette époque, il n'était pas question de remplir un caddy au supermarché, comme le font maintenant les enfants. Ce sont souvent les plus jeunes qui se retrouvaient à aider leurs parents dans des tâches qui nous semblent aujourd'hui presque impensables. »

Sa maman, en particulier, se rendait à vélo avec son amie, Madame Roncard, jusque dans la vallée de la filature du Cambon. C'était un long trajet, qu'elles effectuaient souvent avec courage, bien que les vélos, déjà anciens et usés, rendent le parcours plus difficile. Leurs roues crissaient sur la route poussiéreuse qui menait de Réquista à Rodez. Elles grimpaient ensuite la colline vers La Garde, puis prenaient une petite route sur la gauche qui les plongeait dans une vallée verte et encaissée, un véritable havre de paix. Au fond de cette vallée, dissimulée à l'ombre des arbres, se trouvait la filature. Ce moulin, actionné par un petit cours d'eau qui serpentait silencieusement à ses pieds, semblait hors du temps. Les deux femmes peinaient tant à l'aller qu'au retour, les jambes endolories par l'effort, mais elles se réjouissaient de leur succès : quelques écheveaux de laine brute, encore imprégnée du suint de l'animal, la laine rêche et rugueuse qui, après plusieurs lavages au bassin de Rieussec, devenait plus souple et douce. Ce rituel de lavage était une véritable épreuve, mais une épreuve salutaire. La laine, débarrassée de ses impuretés, était prête à être transformée.

Une fois à la maison, la mise en pelote de la laine devenait un moment de complicité, un tête-à-tête entre Mamy et sa maman. Mamy, toujours un peu impatiente, avait bien du mal à tenir l'écheveau entre ses bras tandis que sa mère, d'une main habile, enroulait patiemment le fil pour en faire une pelote parfaite. Mamy n'aimait pas ce rôle, elle voulait faire la pelote. Par maladresse, la pelote lui échappait et roulait par terre, provoquant les gronderies de sa maman. « Fais attention ! » disait-elle d'un ton sévère. Les chaussettes tricotées à la main avec cette laine, avaient une texture dure et rêche qui irritait la peau comme un gant de crin, une sensation désagréable que Mamy supportait tant bien que mal.

Les fillettes, emmitouflées dans des vêtements maison, portaient ces chaussettes épaisses en laine brute, ainsi qu'un bonnet ou un béret pour se protéger du froid. Leurs robes, cousues avec soin par leurs mères, étaient toujours accompagnées d'un tablier pour éviter de les salir. Ces galoches en bois, à semelles carrées, résonnaient sur le sol brut à chaque pas. Mamy détestait particulièrement ces galoches, bruyantes, encombrantes, et un peu trop rigides.

Les mères étaient de véritables fées. Elles tricotaient, cousaient, créaient tout ce dont leurs enfants avaient besoin. Presque toutes possédaient une machine à coudre, ce qui leur permettait de confectionner des vêtements à la maison, parfois même des robes pour les grandes occasions. Avant l'avènement des magasins de prêt-à-porter, les couturiers et couturières étaient les véritables rois de l'habillement. Mamy se souvient de Madame Barnier, la couturière du village, qui lui confectionnait ses jupes plissées bleu marine. Mais les essayages étaient toujours un calvaire. Mamy, incapable de rester immobile, bougeait sans cesse, rendant les ajustements difficiles. Sa maman, exaspérée, lui lançait en plaisantant : « Voilà la petite sorcière qui ne tient pas en place ! » Et même si c'était pour la gronder, Mamy savait que ces petites piques étaient en réalité des marques d'affection.

Elle avait refusé d'aller chez Madame Larigaldie depuis un incident qu'elle jugeait bien trop humiliant pour l'oublier. Ce jour-là, sa mère essayait une jupe qu'elle avait confiée à la couturière pour un ajustement délicat. Tandis que sa maman, plongée dans l'essayage, se tenait droit devant le miroir, Mamy, toujours curieuse, avait pris le temps de ramasser les épingles qui jonchaient le plancher. Elles brillaient sous la lumière tamisée de la pièce, comme de petites étoiles égarées. Mamy était toute fière de sa récolte. Elle les avait soigneusement mises dans le creux de sa main, un sourire triomphant sur ses lèvres. Lorsque l'essayage fut terminé, et que sa mère lui demanda, avec douceur, de rendre les épingles à la dame, Mamy, avec un air décidé, répondit, sûre d'elle et un peu trop sérieuse :

– Non, elles sont à moi, c'est moi qui les ai trouvées !

Elle avait prononcé ces mots avec une innocence déconcertante, sans la moindre idée du trouble que cela allait provoquer. Mais, bien vite, elle comprit que la couturière n'entendait pas les choses de la même manière. Vexée par l'autorité de Madame Larigaldie, qui insista fermement, Mamy dut céder et rendre son trésor. Mais elle le fit de mauvaise grâce, les lèvres pincées et le regard fuyant, sentant déjà le poids de la déception qui lui serrait la poitrine. Elle n'avait plus jamais voulu revenir dans cet atelier.

« Comme je la comprends, j'aurais agi de même ! », se dit Hippolyte, en repensant à ce moment où, pour la première fois, Mamy avait eu l'impression que son monde d'enfant se heurtait aux règles des adultes.

Un peu plus tard, elle avait fait la connaissance de Mimi, la boiteuse, qui avait un rire contagieux. Mamy l'adorait. Elle aimait imiter sa démarche particulière, cette démarche un peu sautillante, une danse à part entière. Mimi, c'était une couturière pétillante, un peu décalée, avec son atelier tout en haut d'un étroit escalier qui semblait mener à une autre époque, au fond de la rue principale, non loin de la place du Vatican. Ce petit atelier était son royaume, un endroit où chaque morceau de tissu semblait pris en charge par une énergie unique. Après avoir fait la connaissance de Mimi, Mamy se mit à imaginer que toutes les couturières boitaient, que c'était là une sorte de règle implicite qu'il fallait respecter, une signature de leur art.

Un jour, alors qu'elle se rendait au jardin avec la mémé pour nourrir les volailles, Mamy fit une remarque qui laissa tout le monde pantois :

– Regardez, vous avez une oie couturière !

La mémé, qui s'affairait à ramasser les graines, tourna la tête, un peu surprise par cette observation. Mais ce n'était rien, comparé à la réaction de la voisine, qui demanda, le lendemain, à la mère de Mamy pourquoi sa fille avait eu une telle réflexion. Mamy expliqua tout simplement que, la veille, elles s'étaient rendues chez « Mimi », et qu'elle avait trouvé la démarche de l'oie et celle de Mimi, tout à fait… unique. Cette explication, innocente et pleine de candeur, fit bien rire la dame. Mamy n'avait pas encore conscience de l'effet comique de ses remarques, mais elle était ravie de voir sa remarque provoquer un tel éclat de rire.

Plus tard, elle fit la connaissance de Monette, une autre couturière, avec ses manières réservées et son sens de l'humour discret.

Pour les vêtements d'hommes, c'était M. Gaubert. Le papa de Mamy, avait toujours des idées bien précises sur ses vêtements, notamment sur ses pantalons. Il était hors de question pour lui de porter des pantalons trop serrés. Il les voulait larges, pour pouvoir bouger à son aise, sans aucune restriction. Un contraste frappant avec Charles, le mari de Mamy, qui des années plus tard, désirait des pantalons ajustés, parfaitement cintrés, qu'il jugeait plus modernes et élégants. Mamy avait pris ces différences en souriant, appréciant le décalage entre ces deux hommes qui, chacun à leur manière, avaient leurs propres idées sur l'habillement.

Un magasin de prêt-à-porter existait cependant près de l'ancienne mairie, tenu par M. Léon Labit.

Réquista, village rural, comptait cinq ou six fermes à chacune de ses extrémités. Les vaches signaient leur passage en déambulant dans les rues, leurs sabots résonnant dans le silence du matin en sortant de l'étable pour se rendre au pâturage. L'air était saturé d'une odeur entêtante de bouses fraîches, malodorantes, donnant une image parfois peu flatteuse du village. Les fermiers vendaient leur lait frais aux particuliers, et chaque soir, les habitants déposaient leurs bouteilles vides, étiquetées à leur nom, près des fermes, pour les retrouver pleines au matin. Le lait, encore tiède, sentait fort, un parfum sauvage et authentique du terroir. Sa maman le faisait bouillir avec une habileté précautionneuse, ajoutant un anti-monte-lait dans la casserole. Son doux clapotement servait de signal : il fallait retirer la casserole du feu avant que le lait ne se répande sur la cuisinière. Le précieux liquide reposait ensuite toute la journée, et toute la nuit si bien qu'au matin, une couche de crème bien épaisse se formait à la surface. Chaque matin, Mamy y trempait ses tartines beurrées, savourant ce délice simple, mais ô combien réconfortant. Quel régal !

« En pensant à ce petit déjeuner, l'eau me vient à la bouche ! »

Ce fut un véritable événement lorsque les premières bouteilles de lait pasteurisé furent mises en vente dans les commerces, offrant un gain de temps précieux aux ménagères. Pourtant, Mamy n'a jamais retrouvé la même crème, celle qui rappelle en son esprit les pénuries et les privations de la guerre.

En franchissant les montagnes des Vosges pour s'installer en Aveyron, la petite famille dut s'adapter à bien des changements. D'abord, à la langue locale. Presque tous les habitants parlaient le patois, si bien que l'instituteur était furieux à la rentrée, car il devait d'abord enseigner le français avant d'aborder les fondamentaux. Et puis, le couvre-chef. Son papa, qui portait une casquette comme les ouvriers du tissage, échappa rapidement à ce confort du passé pour adopter un béret, symbole d'une nouvelle identité.

La fête de Noël, quant à elle, perdait de son sens pour ses parents, qui, dans les Vosges, célébraient Saint-Nicolas. Son papa lui avait raconté comment se passait le 6 décembre : la veille, les enfants déposaient un peu d'avoine sur le bord extérieur de la fenêtre, pour la bourrique du Saint. Le matin venu, ils se précipitaient voir si l'avoine avait disparu, découvrant parfois des bonbons, des gâteaux, une orange, ou même une verge laissée par le Père Fouettard pour les enfants turbulents.

En Aveyron, le Père Noël était la figure incontournable, et c'était après la messe de minuit que l'on attendait sa visite. Mamy, confuse, entendait ses amies parler de ce Père Noël qu'elle ne connaissait pas encore et avait dit un jour à ses parents « Monique a commandé ceci, Alix a commandé cela. » Ses parents s'étaient regardés en silence.

Le soir de Noël, Mamy avait soigneusement déposé ses chaussures près du tuyau de la cuisinière, puis était allée dans la cour où se trouvaient les WC. À son retour, quelle surprise ! Près de ses souliers, une crèche illuminée par une ampoule de lampe de poche éclairait des santons. Elle était fascinée par ce cadeau tombé du ciel, qu'elle a chéri pendant des années.

Un jour, Mamy fit preuve d'une audace rare, elle, si timide et réservée. Lorsque la femme du patron de son père lui demanda ce qu'elle souhaiterait pour Noël, elle répondit sans hésitation : « Je voudrais une grande poupée, comme celle que j'ai vue chez Rech. » Les poupées dans la vitrine du magasin de M. Rech étaient magnifiques, mais trop chères pour ses parents. La dame éclata de rire, tandis que sa mère, gênée, réprimandait Mamy pour son audace. Le lendemain, à sa grande surprise, une boîte arriva. Elle l'ouvrit doucement et y découvrit une poupée splendide, aux grands yeux bleus, bordés de cils soyeux. Sa robe rose, soulevée, révélait un jupon et une petite culotte en dentelle délicate. Cette poupée fut la première que Mamy posséda, et le plus beau cadeau de Noël qu'elle ait jamais reçu.

L'année suivante, Mamy devait avoir sept ans. À cet âge-là, elle croyait encore au Père Noël, avec toute la ferveur d'un enfant dont les rêves sont pleins de magie. Mais cette année-là, elle avait pris une décision importante : ne rien dire à ses parents au sujet du cadeau qu'elle désirait. En effet, les religieuses lui avaient enseigné que, pour voir ses vœux exaucés, il fallait s'adresser à Jésus, et non au Père Noël. C'était Jésus qui, seul, pouvait accomplir les miracles. Ainsi, chaque soir, avant de s'endormir, dans l'obscurité paisible de sa chambre, Mamy répétait silencieusement, presque comme une prière : « Je voudrais un petit frère pour jouer avec lui. » Ses parents, ignorant ce vœu secret, furent embarrassés de ne pas savoir ce que leur fille désirait vraiment pour Noël. Ils se sentaient perdus, incapables de deviner son souhait.

Au matin de Noël, Mamy se précipita vers ses souliers, mais au lieu de trouver un petit frère, elle découvrit un billet de banque de couleur verte et un petit mot, signé « Le Père Noël ». Le message disait simplement : « Avec cet argent, tu t'achèteras ce que tu voudras. » Un frisson de surprise parcourut Mamy, mais son regard s'arrêta sur l'écriture du mot. C'était une écriture penchée, fluide, avec des pleins et des déliés typiques. Elle reconnut immédiatement le style de son papa.

C'était lui, le Père Noël. Son cœur fit un bond, mais il se serra aussi. La vérité éclata alors, brutale et douce à la fois. Ce fut la fin d'un beau rêve, mais aussi un moment de compréhension. Mamy réalisa que la fête de Noël, derrière sa magie, engendrait des dépenses auxquelles ses parents, qui vivaient modestement avec un seul salaire, devaient faire face. Le voile de l'innocence se leva, et le monde sembla soudain moins beau et plus compliqué.

D'un autre Noël, Mamy se souvient, un Noël qui restera gravé dans sa mémoire, comme un événement hors du commun. Ce Noël-là, les religieuses avaient décidé de créer une crèche vivante pour la messe de minuit. Avant la cérémonie, les élèves se préparaient avec enthousiasme, revêtant des costumes de personnages bibliques : Saint-Joseph avec sa tunique de lin, Marie vêtue de bleu, les rois mages dans leurs robes pourpres et les bergers tout droit sortis des champs, avec leurs bâtons de bois et leurs regards admiratifs. Mais le clou de la fête, le moment qui fit briller les yeux de tous, fut sans doute l'apparition du petit Jésus vivant. Ce n'était pas une figurine en cire, mais un bébé tout frais, qui se débattait joyeusement sur la paille fraîche de la crèche. Les spectateurs, émus et attendris, pouvaient entendre ses vagissements, qui apportaient une touche de réalité inédite à cette scène sacrée. Ce petit Jésus n'était autre que Jean Recoules, qui venait de naître. Madame Recoules, pleine de générosité, avait bien voulu prêter son bébé pour ce Noël exceptionnel, qui marqua les esprits de tous ceux présents ce soir-là.

« Oui, il y a bien longtemps maintenant, car Jean est depuis plusieurs années à la retraite. »

Mamy jouait avec sa poupée et son poupon, ce dernier étant un cadeau de sa maman lorsqu'elle avait été clouée au lit par la rougeole. Ils étaient pour elle bien plus que des jouets, des compagnons de chaque instant. Elle leur parlait mentalement, comme à des amis proches, puisqu'elle était fille unique. Ces moments d'imaginaire étaient sa manière de combler le vide de sa solitude. Et puis, il y avait l'ours blanc, un présent précieux de son parrain. L'ours l'accompagnait chaque nuit, lové contre elle dans son lit. Ils avaient partagé des années d'intimité, son doux compagnon, et ce jusqu'à l'âge de 10, voire 11 ans. Sa mère, exaspérée de voir cet ours envahissant, finit par le faire disparaître. Mamy n'a jamais su s'il avait été brûlé ou donné, et si tel était le cas, à qui il avait été offert. Cette disparition la bouleversa profondément, la plongeant dans une colère sourde contre sa mère, qui, à ses yeux, n'avait sans doute pas compris la valeur sentimentale de cet objet. Mamy aurait voulu garder ces petits trésors, comme ses dents de lait, ou ses livres d'illustrés, les célèbres *« Sylvain et Sylvette »*, qui avaient fini par tapisser le fond de la poubelle, écrasés sous d'autres souvenirs, comme les affiches de films de cinéma qui prenaient la poussière dans les tiroirs. Quel désastre ! Sa mère n'arrivait pas à comprendre, et ses mots résonnaient encore : « Tu es comme ton père, il ne veut jamais rien jeter ! » Pourquoi, sa mère ne comprenait-elle pas le besoin de conserver ces objets, si précieux dans leur simplicité ? Cela confortait Mamy dans ses moments de rébellion :

« Moi, comme Mamy, j'aurais été furieux qu'on touche à mes petites voitures ! »

Un autre souvenir me fit sourire, bien que teinté de panique. Un jour, dans un moment d'affolement, Mamy avala une pièce de deux sous. Un grand frisson de terreur traversa ses parents, et, à toute vitesse, ils se rendirent chez le docteur Mazeran, leur cœur battant la chamade. Le médecin, d'un air détendu, les rassura aussitôt : « Pas d'inquiétude, elle ressortira par les voies naturelles. » Ce simple conseil apaisa Mamy et ses parents, mais la petite garderait cette frayeur en mémoire.

En grandissant, Mamy se retrouva souvent en décalage avec ses amies. La plupart d'entre elles arboraient fièrement des tresses qui s'enroulaient joliment au-dessus de leur tête, comme un signe de féminité et de beauté. Mamy était différente. Ses cheveux étaient bouclés en anglaises. Chaque soir sa maman les enroulait minutieusement dans des bigoudis en fer, un véritable supplice pour Mamy, lui causaient parfois des douleurs, mais elle s'y résignait. Et puis, au matin, maman déroulait ses cheveux frisés et les attachait sur les côtés avec deux jolis rubans. Un jour, Monsieur Kattemann, un voisin allemand, lui fit un compliment :

« En Allemagne, toutes les grandes dames sont coiffées ainsi. » Ce simple mot d'encouragement laissa sa mère rayonnante. Elle en était fière, car son geste, aussi simple qu'il fût, avait été validé par un regard extérieur.

Quand Mamy était petite, elle croyait que ses parents ne l'aimaient pas, une idée née d'une phrase qu'elle avait entendue, glissée à l'ombre d'une conversation : « Quel dommage de ne pas avoir eu un garçon ! Il aurait appris à bricoler avec son père. » Ces mots l'avaient frappée comme une lame de rasoir, laissant une plaie qu'elle n'arrivait pas à refermer. Elle avait porté ce poids lourd de souffrance pendant de longues années, se sentant coupable d'avoir déçu ses parents dès sa naissance.

Pour attirer l'attention de sa mère et qu'elle daigne enfin se pencher sur elle, elle usait de mille petites ruses innocentes. Elle feignait la maladie, se repliant sur son lit en minaudant, espérant un peu de tendresse, mais le stratagème échouait toujours. Alors, elle optait pour un caprice, espérant qu'en se montrant plus difficile, sa mère céderait à ses désirs. Mais au lieu de la consoler, celle-ci la grondait d'une voix sévère : « Si tu n'es pas sage, il va faire de l'orage. » Et dans le silence qui suivait, Mamy attendait, son cœur battant fort, redoutant que la punition divine ne s'abatte sur elle. Dès que les premiers roulements de tonnerre se faisaient entendre, elle frissonnait de peur. Le grondement semblait résonner dans tout son être, une menace invisible qui pesait sur sa petite âme fragile.

Parfois, l'orage était si violent qu'une coupure de courant plongeait la maison dans l'obscurité. C'est alors que sa mère la prenait dans ses bras, la serrant contre son cœur comme pour la protéger de tout mal. Dans le noir total, Mamy enfouissait son visage dans le creux de son épaule, trouvant une maigre consolation dans l'étreinte maternelle, en attendant que l'orage se calme. Mais cette paix fugitive n'effaçait pas la peur, car dès que les éclairs frappaient de nouveau, Mamy ressentait ce même frisson glacé qui secouait son corps, cette sensation d'abandon à chaque grondement de tonnerre.

Depuis ce temps-là, Mamy a toujours eu une peur irrationnelle de l'orage. À la moindre lueur d'éclair dans le ciel, elle se précipite pour fermer les volets et se cache sous les couvertures, comme une enfant cherchant refuge.

« C'est elle qui a transmis la peur de l'orage à ma mère, Diane, comme si cette peur ancestrale s'était inscrite dans l'âme de sa descendance ».

D'autre part, Mamy était étrange. Elle croyait profondément qu'on ne l'aimait pas, et pourtant, quand sa mère, par une douceur rare, voulait lui offrir un câlin, Mamy la repoussait. Elle n'aimait pas qu'on la touche, détournait son regard, fuyait l'étreinte, rejetant cette tendresse qu'elle ne savait pas accepter. Et sa mère lui lançait alors, méchamment : « Tu es un griffon ! »

« Mamy m'a raconté qu'à l'époque de son enfance, il n'y avait que le poste de radio, la TSF, qui permettait de se distraire. Le poste, monumental, trônait sur le meuble de la machine à coudre, dans la pièce principale, et chaque soir, il devenait le centre d'une vie qui se tournait autour de la voix qui sortait de ce cube sonore. Mamy passait des heures à scruter l'œil magique du poste, un petit rond lumineux qui semblait l'aspirer dans une autre dimension. Je n'ai jamais su exactement ce qu'elle y voyait, mais elle parlait de cet œil comme si c'était une fenêtre vers un autre monde. À la recherche des rares stations, elle tentait de capter « Radio Toulouse, Radio Andorra ». Le soir, la famille se réunissait autour de ce même poste pour suivre le feuilleton radiophonique « La famille Duraton », une histoire qui faisait partie des rituels du foyer, et que ses parents ne manquaient sous aucun prétexte. C'était un peu leur façon de voyager, de rêver en famille. Les Duraton, une famille typique, passaient leur temps autour de la table à échanger des propos quotidiens, des petites joies et des peines, tout comme le faisaient les siens. Ce feuilleton, un miroir de leur vie, devenait un lien, une complicité partagée.

Le jeudi après-midi, elle écoutait aussi une émission pour les enfants, et c'est à cette époque, en novembre 1948, qu'elle entendit la chanson composée pour la naissance du prince Charles. Elle se souvient encore de quelques paroles « dors mon prince charmant... le bel ange de la nuit, viendra te fermer les paupières, etc. » Ce genre de moment restait gravé dans sa mémoire, comme une page d'histoire qui s'ouvrait avec la naissance de ce futur roi d'Angleterre.

Mamy adorait aussi se rendre dans l'atelier de son père. Il posait son petit fauteuil en bois sur l'établi, un coin d'observation idéal, et là, elle ne perdait rien de ses gestes méticuleux. Il lui enseignait le nom des outils, des pièces de radio, des choses qu'elle n'aurait jamais imaginées. Son père recevait des pièces détachées qu'il assemblait, fabriquant des appareils avant de les envoyer au magasin de son patron pour les vendre. C'était un homme d'une grande dextérité, capable de travailler toutes sortes de matériaux. Elle aimait voir ses mains habiles, et plus encore, elle admirait la façon dont il ne se laissait jamais arrêter par la pénurie ou le manque. C'était l'époque du système D, et il avait su faire face aux difficultés de la vie quotidienne, notamment en fabriquant des briquets à essence pour les habitants du village. Ces briquets, simples, mais ingénieux, rendirent de précieux services, apportant une petite touche de confort dans une époque marquée par la privation d'allumettes.

Pour Suzanne, il avait fabriqué une machine à faire des pâtes, un objet précieux dans une maison où les ressources étaient rares. Les temps étaient durs, et les gens ne pouvaient pas acheter ce qu'ils voulaient. Les tickets de rationnement, distribués selon la composition des familles, étaient devenus une nécessité. Sans ces tickets, rien n'était possible, et chaque repas devenait une épreuve. Pour pallier cette rareté, la mère de Mamy élevait des lapins, leur offrant de l'herbe, du plantain, et des feuilles de carottes. Ils étaient devenus une source essentielle de protéines, malgré la simplicité de leur alimentation. Un jour, Mamy, curieuse, avait glissé son doigt dans les trous du grillage du clapier, attirée par la douceur du pelage des lapins. Elle n'avait pas anticipé la réaction de l'un d'eux qui, croyant que son doigt était une carotte, l'avait mordu violemment. Le choc l'avait profondément marquée, et depuis ce jour-là, elle se méfiait des lapins, ces petites bêtes inoffensives qui, sous certaines circonstances, se montraient moins dociles qu'elles n'en avaient l'air.

Les moments où l'un des lapins passait à la casserole étaient un véritable événement. Mais, ce qui marquait le plus Mamy, c'était la manière dont son père procédait pour ôter la vie à l'animal. Il le saisissait par les pattes arrière, avec une fermeté qui laissait peu de place à l'hésitation, et d'un coup sec de bâton derrière la tête, l'étourdissait avant d'être dépouillé. Mamy n'aimait pas regarder cette scène, elle la trouvait trop brutale, trop cruelle. Cependant, il fallait bien se nourrir. Parfois, sa mère récupérait la peau du lapin, la faisait sécher, et la revendait au « péillérot » de Péret, Marius, un commerçant ambulant qui passait de temps en temps. Rien ne se perdait. Dans ce quotidien difficile, chaque geste, chaque ressource était comptabilisée, et rien n'était laissé au hasard. La survie de la famille passait par la réutilisation et la débrouille.

Au printemps, les femmes, joyeuses et un peu espiègles, s'aventuraient dans les prés, s'agenouillant pour cueillir les pissenlits aux feuilles tendres qui jaillissaient généreusement du sol. Elles récoltaient les asperges sauvages qui s'épanouissaient sur les talus, piquant la terre de leurs tiges fines et délicates, et se rendaient souvent au bord des rivières pour ramasser le cresson frais, ces petites feuilles vertes croquantes qui parfumaient l'eau.

L'automne, avec sa brise plus fraîche, apportait son lot de récoltes : les châtaignes tombant sur la route de Lincou ou dans le fossé, que les femmes ramassaient en riant, se chamaillant parfois pour le meilleur butin. Son père, toujours sollicité par ses clients, partait pour la cueillette des cerises, puis des prunes, sa démarche rythmée par les saisons. Il ramenait des paniers débordant de ces fruits, simples, mais savoureux, récoltés sans artifice. Ces fruits, une fois en bocaux, seraient une douceur pour passer l'hiver.

Il ne se contentait pas de fruits. Il allait chercher des champignons dans les bois, une activité qui, à l'époque, avait presque quelque chose de sacré. Avec l'autorisation des propriétaires, il partait tôt, souvent avant que le soleil ne monte haut dans le ciel. Il revenait parfois avec des girolles, ces petites merveilles orangées que les gens de la région laissaient volontiers, préférant les cèpes plus imposants et plus parfumés. Un jour, il avait ramené trois énormes cèpes, au chapeau vermoulu et couvert de vers. Suzanne, avec son regard acéré, avait trié le lot et jeté les morceaux immangeables dans la poubelle, dégoûtée par l'état des champignons. C'était sans compter sur l'oncle Baptistou de son patron, le tonton de Paris, venu passer les vacances à la campagne. Il s'était exclamé avec un grand rire : « Malheureuse, vous jetez le meilleur ! » Avant de récupérer tout ce qui avait été jeté, ne se laissant pas perturber par les vers qui logeaient encore dans les champignons. Il les avait fait sécher, méticuleusement, sous le soleil d'été, sur une page de journal. Les vers, pour lui, n'étaient qu'un détail insignifiant, un petit obstacle à surmonter.

Mamy se souvenait aussi des familles de réfugiés venues de Lorraine, qui s'étaient installées dans la région pour fuir la guerre. Ces femmes se retrouvaient souvent, chacune accueillant l'autre à tour de rôle. Pendant que les enfants jouaient, insouciants des épreuves que traversaient leurs mères qui passaient des après-midi entiers à coudre, à tricoter, à échanger leurs savoir-faire. L'une apprenait à faire une brioche moelleuse, l'autre partageait sa méthode pour confectionner un soutien-gorge ou tricoter des chaussons. Ces rencontres étaient plus que des échanges de compétences, elles étaient une bouffée d'air frais, une manière de se reconstruire ensemble. Suzanne leur enseignait la broderie, l'art délicat de faire des jours pour orner les draps, un geste simple, mais qui donnait à chaque pièce une touche de douceur. C'était dans ces moments de partage que naissait une amitié profonde, soudée par la guerre et l'espoir de jours meilleurs.

Les conversations tournaient souvent autour de leur pays natal, de la nostalgie qu'elles portaient en elles. Elles se demandaient quand cette maudite guerre finirait enfin, quand elles pourraient retourner chez elles, retrouver un semblant de normalité. Elles ne perdaient jamais espoir, ces femmes pleines de courage, joviales malgré tout, toujours prêtes à égayer l'atmosphère. Le café manquait, certes, mais peu importait ! Elles avaient trouvé un substitut, en grillant de l'orge dans un brasero. La saccharine, cette étrange substance qui n'avait rien de naturel, remplaçait le sucre. Pourtant, cette boisson, bien que loin des standards d'aujourd'hui, était savourée dans la bonne humeur et la camaraderie.

Il y avait des jours où elles se retrouvaient pour fabriquer du savon, utilisant du saindoux et de la soude caustique, ou pour préparer de la confiture de raisins qu'elles avaient cueillis dans les vignes sauvages. Parfois, elles se lançaient dans des projets plus ambitieux, comme confectionner de magnifiques couvertures en satin. Ces rencontres étaient des moments rares et précieux, permettant à ces femmes de reprendre leur souffle, de se ressourcer avant de repartir dans les tâches quotidiennes.

Mamy, de son côté, gardait en mémoire l'odeur divine de la brioche de Madame Girardon, une brioche qu'elle n'a jamais retrouvée depuis. Elle rêvait d'apprendre le crochet, pour confectionner des habits pour sa poupée, mais sa maman, d'un ton un peu sec, lui avait dit qu'elle serait incapable d'y arriver. Pourtant, c'est Mercédès, une autre figure de leur quotidien, qui prit en main son apprentissage, lui montrant avec patience les gestes du crochet, qu'elle maîtrisa si bien en peu de temps.

Le père de Mamy échangeait la ration de tabac à laquelle il avait droit contre des produits de première nécessité, comme de l'huile ou du beurre. Les femmes, courageuses, prenaient parfois le chemin de Saint-Julien, se rendant dans les fermes voisines pour acheter des œufs. Dans une ferme, l'accueil était chaleureux, et elles repartaient avec six ou douze œufs, selon le cas. Dans une autre, les choses étaient bien différentes. Là, les chiens féroces étaient lâchés sur elles, aboyant furieusement, tandis que la patronne les chassait avec des mots en patois, des mots durs, blessants. «Va-t'en, signifiant tout le mépris qu'elle leur portait, et cela, Mamy, la jeune fille pleine d'espoir, ne l'oubliait jamais. Être traitée ainsi, comme des mendiantes, lui faisait mal, bien plus que tout le reste.

Pendant les vacances d'été quand venait le dimanche, ses parents s'octroyaient un peu de repos et juste après le repas, ils préparaient leur bicyclette. Robert calait Mamy sur la barre de son vélo et la tenait fermement contre lui. Ils descendaient ainsi jusqu'à Lincou, une route tout en virages. Autrefois, la vallée était plus peuplée qu'aujourd'hui les maisons dispersées aux alentours abritaient des familles aux nombreux enfants. Les moyens de contraception méconnus, les fratries de 10 ou 12 étaient monnaie courante. Tous les bras sans exception, se rendaient utiles en diverses occasions, ramasser du bois pour l'autre, cueillir l'herbe pour les lapins, surveiller les bêtes à la pâture, bercer le dernier-né, étendre le linge, éplucher les légumes pour la soupe, etc. Les enfants passaient leur temps libre à se rendre utiles. Ils avaient plus de devoirs que de droits. Ils mettaient la main à la pâte, reconnaissants envers les parents de leur avoir donné la vie, de les nourrir, les loger, les vêtir même si souvent les mêmes vêtements passaient d'un enfant à l'autre à mesure qu'il grandissait. Une école à deux classes accueillait plus de 40 élèves venus des penchants alentours sous la responsabilité de deux enseignants qui logeaient dans l'appartement au premier étage. Depuis longtemps, l'école est fermée et menaçait de tomber en ruines si quelqu'un ne l'avait pas racheté.

Sur les moindres parties de terre, cultivables, retenues sur les pentes par des murs de pierre, les « parédous », la vigne s'étendait en ôtant à la nature son côté sauvage qui reprend le dessus de nos jours. Les cris joyeux des vendangeurs, rendaient vivante la vallée en septembre. Les cabanes de vigne qui subsistent encore sont les dépositaires des instruments qui servaient aux vendanges, les derniers témoins de cette animation passée.

En ce temps-là, la rivière Tarn coulait vivement sur un lit de cailloux brillant au soleil, réduit en été en un filet doux. Les jeunes s'amusaient à rejoindre la rive opposée, sans trop se mouiller en sortant d'un roc à l'autre. Le courant, qui effleurait les galets, faisait retentir un son semblable à celui d'une caresse sur les touches de piano ou sur les cordes d'une guitare. Le mélomane pouvait sans peine, reconnaître la mélodie de l'eau au fond de la vallée. Le pêcheur, droit dans ses cuissardes, semblait être le chef d'orchestre avec sa ligne qui fouettait l'onde, en guise de baguette. Il prétextait l'attrait d'une belle prise pour communiquer avec la nature qui le ramenait là régulièrement pour se ressourcer. Des saules et des peupliers majestueux se dressaient sur la rive, offrant leur ombre protectrice aux rayons du soleil. Lors d'un orage, le Tarn montrait des eaux rouges de colère, couleur de la terre, traversée en amont appelée le Rougier.

La plupart du temps le silence était troublé uniquement par le ramage des oiseaux. Ce lieu incomparable était l'éden pour celui qui recherche la paix et le recueillement.

Donc, après le repas nous partions sous le soleil pour atteindre le coin de berges le plus favorable à la baignade. Il n'y avait pratiquement personne. Mes parents posaient le vélo à l'ombre des saules, enfilaient le maillot de bain, étalaient leur serviette sur les galets, et en avant pour la baignade ! Quelques gros rochers retenaient l'eau dans de petits bassins peu profonds où elle avait pris une température agréable. Ils ne nageaient pas, mais barbotaient pour se rafraîchir au milieu d'une explosion de rires. Ils connaissaient les endroits dangereux ou des siphons avaient aspiré un nageur audacieux l'année précédente.

L'après-midi s'était passée agréablement et vers 18 heures, ils traversaient le large pont de pierre au bout duquel un bistrot les attendait. Pour se rafraîchir, ils commandaient un soda en se préparant au passage du car le Dourdou, venant de Saint-Affrique. Le chauffeur chargeait les vélos sur l'impériale et les passagers étaient bien heureux de ne pas remonter la côte à pied. Quand le car ne passait pas, il fallait un peu plus d'une heure pour parcourir les 5 km du retour. Depuis bien des années, la rivière ne coule plus, un barrage en aval en a bloqué le cours. Au fil du temps, l'eau perdit sa transparence pour devenir verdâtre. Envahie par les algues, elle n'incite plus les baigneurs à plonger.

Chapitre 8
Un événement inoubliable

« Mamy pleurait presque lorsqu'elle m'a raconté comment son père avait failli se faire tuer par les Allemands. Voici son récit :

En Août 1944, une colonne allemande se dirigea lentement vers Réquista. Le soleil était haut dans le ciel, et l'air de l'après-midi semblait suspendu, lourd de tension. Vers midi, l'alerte fut donnée, perçant le calme comme un cri strident. Les chars, signalés à Saint-Jean Delnous, ne tarderaient plus à entrer dans le bourg. Ce fut la panique. La nouvelle se propagea comme une traînée de poudre, et tous les hommes en âge d'être inquiétés s'enfuirent précipitamment, disparaissant dans la campagne environnante, emportant avec eux un frisson d'angoisse. Le patron de mon père fut parmi les premiers à fuir. Devant l'insistance de certains, et sentant que la situation était trop périlleuse, nous allâmes, avec un couple d'amis du patron, en vacances avec leur fillette, nous cacher dans une cabane en pierres, isolée au milieu des prés, à Sermet. La végétation épaisse entourait la cabane, offrant une couverture imparfaite contre la peur qui nous étreignait. Nous attendîmes, silencieux, les yeux braqués vers l'horizon.

Mais après un moment d'attente, n'ayant vu rien d'alarmant, nous décidâmes, presque soulagés, de retourner chez nous.

Vers vingt heures, alors que nous étions en train de manger en silence, une vibration étrange dans l'air, un ronflement de moteur inhabituel, nous attira à l'extérieur. Le sol tremblait sous nos pieds alors que des chars allemands traversaient le village lentement, imposants, faisant vibrer les vitres des maisons comme un avertissement funeste. Mon père, cloué au sol par la surprise, se retrouva interpellé par la voix paniquée de la voisine, Madame Blanc :

– Ne restez pas là, il faut partir, les Allemands vont vous prendre. Fuyez, tous les hommes sont déjà partis, vous êtes le dernier ! Ils sont dans la cabane de Sermet.

Soudain, les chars s'arrêtèrent, leurs roues crissant sur le sol non goudronné encore à cette époque. Lorsque leurs occupants descendirent, mon père comprit instantanément qu'il courait un grave danger. Vêtu d'un pantalon kaki, il était une cible désignée.

Dans un sursaut, il partit en courant à travers le pré de Trouche derrière la maison, longeant les jardins qui semblaient soudainement hostiles. Son cœur battait à tout rompre, et il se courba, fuyant comme une ombre, le nez presque rasant le sol. Mais soudain, il dut se redresser pour franchir un mur. C'est alors qu'il aperçut, près de la gendarmerie, près de la maison de Reine Durand, un groupe de soldats allemands pointant sur lui un fusil mitrailleur, à moins de 150 mètres. Une voix donna un ordre sec, et aussitôt, la fusillade éclata. Le son des balles perforant l'air était terrifiant. Il n'eut que le temps de se jeter à terre et de rouler, se faufilant dans le pré heureusement en pente, avant de se glisser dans un champ de topinambours. Il rampa alors, en silence, les oreilles bourdonnant sous l'intensité des tirs, les balles sifflant autour de lui, fendant l'air, et il crut que c'était sa fin. Le sol vibrant sous le bruit des balles, il rampa encore, se dirigeant désespérément vers la vallée. Lorsqu'enfin il atteignit le fond, il réalisa que les balles passaient assez haut au-dessus de lui pour lui permettre de se relever, le cœur battant à toute vitesse.

Il marcha pendant une heure, épuisé, les jambes en feu, dans les ravins jusqu'à atteindre les fermes du Bouze. Là, il rencontra deux fermiers, occupés à la traite des vaches. Ils lui expliquèrent que deux pêcheurs, M. Daures et M. Bruel, étaient passés chez eux en remontant la côte avec leurs vélos. Robert leur raconta ce qu'il venait de vivre et l'arrivée des Allemands à Réquista. Les fermiers, bien que surpris, proposèrent d'héberger les trois hommes pour la nuit.

Mamy et sa mère, seules dans la maison, étaient terrorisées. L'incertitude du sort de Robert les dévorait. Elles se demandaient si elles le reverraient, si les bruits de la fusillade signaient sa fin. Elles sont restées blotties l'une contre l'autre, sans un mot, tremblant dans l'obscurité. Les heures passaient lentement.

Toute la nuit, les Allemands martelèrent le sol autour de la maison, leurs bottes résonnant comme un triste écho de guerre. Elles ne fermèrent pas les yeux, l'angoisse les tenaillait.

Au petit matin, lorsque les bruits s'éteignirent enfin, elles n'avaient toujours aucune nouvelle.

Mais au Bouze, le fermier réveilla ses hôtes.

– Il se passe quelque chose sur le plateau, on entend des bruits de fusillade.

Les deux pêcheurs, décidés à retourner chez eux, prirent la route. Robert leur dit :

– Allez rassurer ma femme, vous passez devant la maison, dites-lui de venir me retrouver sur la route de Lincou.

Les retrouvailles furent émouvantes. Robert n'oublia jamais la peur qu'il avait ressentie ce jour-là. Il avait quitté les Vosges pour fuir les Allemands et, dans l'Aveyron, il avait risqué sa vie une nouvelle fois.

« Je comprends aisément que ce mauvais souvenir se soit incrusté dans la mémoire de Mamy. »

Chapitre 9
Retour dans les Vosges

Le père de Mamy était en bons termes avec l'abbé Migno, l'aumônier du collège Saint-Louis. Cet homme sage et bienveillant venait régulièrement lui rendre visite apportant avec lui son appareil de projection pour le faire réparer, tout en ne manquant jamais d'offrir à Mamy un petit geste de tendresse : des biscuits gardés à son intention, des friandises précieuses en ces temps de restrictions. Ces petites douceurs, simples, mais ô combien appréciées, se résumaient à trois petits-beurre enveloppés dans un mince papier transparent, fragile comme l'époque qui les produisait. Mais, pour égayer encore plus les moments de Mamy, l'abbé apportait parfois un numéro d'« Âmes Vaillantes ». Et dans ce magazine, il y avait en page une *Les Aventures de Tintin au Congo*, une histoire qu'elle dévorait, impatiente de connaître la suite au prochain épisode. Sur la quatrième de couverture : *Sylvain et Sylvette*. Mamy lisait et relisait sans fin ces bandes dessinées, les connaissant presque par cœur, et chaque page déployait pour elle un monde imaginaire où les frontières de la réalité se dissolvaient dans la magie des images.

C'était l'Afrique qui la fascinait particulièrement. Les lions majestueux, les girafes aux cous interminables, les crocodiles impassibles, et les singes espiègles qui peuplaient ses rêves d'enfant. Ils dansaient dans son esprit, comme des êtres imaginaires et Mamy n'aurait jamais imaginé qu'un jour elle verrait ces créatures de ses propres yeux ni que la BD *Tintin au Congo* l'emmènerait loin de la maison de ses parents, vers des horizons dont elle n'avait pas encore idée.

La guerre enfin terminée, et après avoir traversé 6 années de privations et de souffrances, en juin 1945, ses parents décidèrent de retourner dans les Vosges. Là, ils espéraient pouvoir reprendre leur vie où elle s'était arrêtée, avant que les horreurs du conflit ne les fassent dériver loin de chez eux. L'armistice leur permit enfin de rentrer dans Les Vosges.

Mamy se souvenait avec clarté du car qui était parti de la place de l'ancienne mairie et du boucher M. Goulesque qui leur avait glissé par la portière du car quelques tranches de jambon pour le voyage. Elle avait aussi conservé le souvenir du train qui, à Orléans, avait roulé lentement sur un pont de bois provisoire pour franchir la Loire, et du court arrêt à Paris. En attendant le prochain train pour Nancy, son père, toujours attentif à ses envies, décida de lui offrir une surprise, un cadeau inattendu, inoubliable : une visite au Jardin des Plantes de Paris.

Ce fut un moment magique pour Mamy, un instant où la réalité sembla succéder aux rêves qu'elle nourrissait. Sous ses yeux ébahis, elle découvrit les animaux qu'elle avait connus dans les pages des illustrés : le singe espiègle, la girafe qui semblait toucher le ciel, le buffle majestueux, et même la panthère silencieuse qui se mouvait avec une grâce presque irréelle dans son enclos. Mamy ne savait comment exprimer sa gratitude à son père, tant l'instant semblait précieux. Ce fut, certes, un moment fugace, mais il marqua à jamais son âme d'enfant.

Cet après-midi au Jardin des Plantes fut l'étincelle qui alluma en Mamy une flamme qui ne s'éteindrait plus. Des années plus tard, ce rêve d'Afrique, né d'une simple bande dessinée, la conduisit vers le continent tant rêvé. Dix-huit années d'aventures et de découvertes, entre la Tunisie et la Côte d'Ivoire, marquèrent sa vie, et l'âme de l'enfant qu'elle avait été resta toujours vivante en elle, entre la réalité et l'imaginaire, entre les pages et les vastes étendues de l'Afrique.

À leur arrivée à Nancy, sur la place Stanislas, un sourire éclatant illuminait le visage de son parrain, André. Il l'attendait, tout excité, avec un cadeau merveilleux, le fameux ours blanc en peau de lapin, tout doux, tout chaud, qui semblait tout droit sorti des contes d'enfance. Cet ours devint bien plus qu'un simple jouet pour Mamy. Il devint son compagnon fidèle, son petit frère imaginaire, son confident silencieux, l'ami inséparable de ses premiers souvenirs. L'ours blanc l'accompagnait partout, veillant sur ses rêves et ses peines, comme une présence rassurante au cœur de ses jeunes années.

Mais après Nancy, ce fut un plongeon brutal dans la désolation. Gérardmer, jadis une ville paisible et vivante, était maintenant un champ de ruines. Les maisons rescapées n'étaient plus que des carcasses marquées d'impacts de balles, les rues jonchées de tas de cailloux et de débris. La guerre avait laissé des cicatrices indélébiles sur cette ville qui avait autrefois connu un visage chaleureux.

Arrivés à Sapois, le contraste entre la joie de retrouver leur terre natale et la douleur du retour dans un monde réduit à néant, était saisissant. La tristesse les envahit lorsqu'ils traversèrent ce qui restait de leur village. Les maisons étaient réduites à un amas de pierres, les vestiges de leur propre habitation n'étant plus que des fragments sans nom. Le village de Sapois, en plein cœur des combats, avait été totalement ravagé par les bombardements. Rien ne subsistait de leur maison, ni de son contenu. Tout avait été englouti dans l'enfer des bombardements. Deux voisins, tentant désespérément de sauver ce qu'ils pouvaient de leurs meubles, avaient perdu la vie dans l'incendie. Les bombardements avaient causé une véritable hécatombe, car la population n'avait pas été évacuée à temps pour se mettre à l'abri. Mamy et sa mère avaient eu la chance de quitter la région à temps pour Réquista, mais le reste de la famille avait tout perdu.

Ses parents, qui avaient économisé sans relâche centime après centime, pour s'offrir les meubles, le linge, la vaisselle nécessaires pour démarrer leur nouvelle vie, se retrouvaient soudainement dépouillés de tout. Plus rien. Tout était parti en fumée. Rien ne restait de leur passé, si ce n'est ces ruines, ce chaos qui semblait dévorer la moindre trace de leur existence d'avant-guerre.

– C'est ici que tu es née, disait tristement son père, en désignant le tas de pierres qui était autrefois leur maison. Là, c'était la chambre, ici la cuisine…

Mamy, dans son innocence d'enfant, ne comprenait pas pleinement l'ampleur du désastre. Elle regardait les décombres, fouillant en vain parmi les gravats, espérant retrouver quelques indices, quelques vestiges du passé. Mais tout n'était que destruction, néant. Complètement désemparés par cette situation nouvelle, ses parents se retrouvaient face à un avenir incertain. Que faire ? Rester dans les Vosges, où tout était dévasté, ou repartir dans l'Aveyron, où la guerre avait épargné leur village ? L'incertitude les tenaillait, les forçant à prendre une décision difficile.

Son père reçut rapidement une attestation de la mairie de Sapois, officialisant la destruction totale de leur maison :

« Le Maire certifie que la maison d'habitation où demeuraient Robert et sa famille a été complètement détruite par des faits de guerre. Tout ce qu'ils possé-

daient, mobilier, linge, vêtements, a été détruit. De ce fait, ils sont sinistrés total. »

Dans ce contexte de ruine, Robert chercha à retrouver son emploi de chef de file à l'usine Peugeot de Sochaux. Mais, à cause du chaos et de la désorganisation qui régnaient après la guerre, il n'y avait plus de place pour lui. Le Directeur de l'usine lui proposa alors un poste équivalent à Bordeaux, une région qu'il ne connaissait pas. Mais, incertain de cette nouvelle vie, Robert refusa l'offre. Pour aggraver encore son désarroi, il apprit qu'aucun logement n'était disponible dans un rayon de cent kilomètres autour de l'usine, et que s'il avait trouvé un emploi dans le Sud, il serait plus sage de s'y établir pour de bon. La guerre l'avait ruiné. Elle lui avait fait perdre non seulement sa maison, mais aussi la situation stable qu'il avait bâtie au fil des années à Sochaux, et qu'il avait espéré retrouver un jour.

Après une longue réflexion, Robert et son épouse décidèrent d'un commun accord, en comparant leur ancienne vie d'ouvriers à celle qu'ils pouvaient espérer dans un nouveau départ, que le mieux était de repartir à Réquista. Leur choix était motivé par le souhait de préserver l'avenir de Mamy, de lui offrir une stabilité et une chance de continuer son éducation sans être coupée de l'école et de ses amies. Si elle était restée dans les Vosges, Mamy aurait inévitablement dû travailler à l'usine, comme ses cousins et cousines. Ses parents voulaient lui offrir plus que cela, un avenir qu'ils espéraient meilleur, loin des chaînes de l'industrialisation.

La guerre, dans un paradoxe cruel, semblait finalement avoir apporté une forme de salut à Mamy. De retour à Réquista, elle fit sa rentrée scolaire en octobre 1945, au cours élémentaire de l'école Saint-Joseph, un nouvel espoir s'ouvrait à elle, comme une page blanche prête à être écrite.

Chapitre 10
Au cours élémentaire

Mamy faisait des progrès considérables en lecture et en calcul, au point que, dès l'âge de six ans, elle passa directement au cours élémentaire avec un an d'avance. Ce fut une transition marquante, un véritable saut dans un univers plus grand, où elle changea de classe et de maîtresse. La nouvelle salle, située à l'étage, n'était accessible que par un escalier extérieur, où il fallait passer devant la classe des grandes, des fillettes qui paraissaient déjà adultes avec leurs airs sérieux. À l'intérieur, la pièce avec son tableau noir, l'estrade où siégeait le bureau de la religieuse, n'avait rien de particulier avec le poêle en fonte qui trônait fièrement au centre. Les élèves étaient assises sur de longs bancs durs, sans dossier, et chacune semblait lutter pour trouver une position confortable, tout en se tenant mal. La scoliose était en quelque sorte une compagne silencieuse de ces journées d'apprentissage.

Pour la première fois, Mamy allait écrire avec une plume, un geste à la fois précieux et intimidant. Elle s'apprêtait à s'initier à un art délicat : l'écriture à l'encre. Bien sûr, elle se souvient de ses premières mésaventures, lorsqu'elle en avait renversé sur ses doigts et son tablier, comme un rite de passage. L'encrier de porcelaine, posé soigneusement dans un trou sur le bois de la table, contenait de l'encre violette, dont la couleur profonde semblait promise à de nombreuses tâches et erreurs. Parfois, des mouches venaient se perdre dans ce liquide sombre, et en ressortaient sur le bout de la plume d'une élève.

Mamy me racontait souvent cet exploit, celui d'écrire avec un porte-plume auquel était fixée une plume de marque Sergent-Major, tout un symbole de l'époque. Elle gardait précieusement l'un d'eux en souvenir, un objet simple, mais lourd de mémoire, qui venait de Lourdes. Si l'on plaçait l'œil contre un petit trou, on pouvait apercevoir la grotte miraculeuse.

Un accessoire indispensable de ces années-là, c'était le buvard, un morceau de papier absorbant destiné à sécher l'encre fraîche. Il n'était pas seulement fonctionnel, il était aussi une petite œuvre d'art publicitaire, car chaque marque se permettait de personnaliser son buvard. La douceur de l'encre sur la page, le bruit léger de la plume sur le papier, tout cela était une discipline, un apprentissage où l'écriture n'était pas simplement un moyen de communiquer, mais un art à part entière.

Elle passait des heures à tracer des lettres, en respectant la précision des formes, le respect des dimensions exactes, grâce aux lignes des cahiers. Il fallait maîtriser les pleins et les déliés, un mouvement fluide, presque magique, où la plume devenait le prolongement de l'âme. Mais souvent, l'apprentissage n'était pas sans douleur : la plume mordait trop fort et s'écartait en éclatant les fins bords de ses dents. On plongeait alors dans la frustration, cette bataille contre la page devenue trop noire de taches, qu'on s'efforçait de sécher avec le buvard ou d'effacer maladroitement avec la gomme, au risque de faire un trou dans la feuille, un souvenir indélébile de l'échec.

« L'écriture était vraiment compliquée, me disait Mamy, souvent, avec un air mi-amusé, mi-réticent. Heureusement, je n'ai pas connu cela ! Aujourd'hui, il n'y a plus de règles, chacun écrit comme il peut, sans souci de la forme ! »

Et pourtant, dans les yeux de Mamy, brillait une petite lueur nostalgique, un hommage secret à ces moments où l'écriture était sacrée, presque magique. Plus tard, la plume Sergent-Major, qui avait succédé à la plume d'oie, serait peu à peu remplacée par le stylo à bille, un instrument plus moderne, mais qui n'avait pas cette âme de la plume.

Sa nouvelle maîtresse, sœur Angèle, était âgée, sa peau fripée et ridée comme celle d'une pomme oubliée dans un vieux galetas. Sévère, son visage marqué par le temps affichait un sourire souvent énigmatique. Elle plissait les yeux pour mieux scruter la classe, puis, presque instinctivement, se mettait à parler en patois, une langue que Mamy peinait à comprendre, ce qui rendait les échanges encore plus mystérieux.

Elle se déplaçait peu, rigide sur l'estrade, assise sur sa chaise, mais armée d'une longue baguette avec laquelle elle désignait les mots écrits sur le tableau. Elle l'utilisait pour faire entendre sa volonté. Dès qu'une bavarde se permettait un murmure ou une diversion, un petit coup sec sur le bureau suffisait à remettre de l'ordre, ce qui était souvent suivi de petits éclats de rire étouffés et de têtes enfouies sous les pupitres, dans un essai désespéré d'échapper aux coups.

Mamy, assise au deuxième rang avec son amie Renée, savait que la baguette n'atteindrait jamais leur rang. Elles se permettaient donc de passer ces moments, où l'attention de la maîtresse faiblissait, à observer, en silence, les mouches qui voletaient et qu'elles attrapaient avec une habileté inouïe. Renée soulevait discrètement un petit nœud dans le bois du pupitre, et Mamy, un sourire malicieux sur les lèvres, faisait entrer la mouche capturée dans l'espace étroit, avant de l'observer, fascinée. Il ne leur suffisait pas de les capturer : elles enlevaient patiemment leurs ailes, les trempaient dans l'encre violette, puis les faisaient marcher sur le buvard. Les petites pattes tremblantes des insectes, entravées par l'encre, les faisaient avancer d'une manière si maladroite que Mamy et Renée éclataient de rire à chaque pas hésitant. Il y avait dans leurs gestes une cruauté enfantine, sans malice, mais aussi sans conscience. Elles se réjouissaient de voir les mouches lutter dans leur piège, sans se douter des souffrances qu'elles infligeaient à ces créatures minuscules.

« Mamy, je ne te savais pas si méchante avec ces pauvres petites bêtes... Moi, je n'ai jamais fait ça ! » s'exclamait Hippolyte en se souvenant de ces instants.

Elle lui racontait parfois en riant, ce petit rituel fait de cruauté innocente qui n'était qu'un jeu parmi tant d'autres. Pourtant, en y repensant, elle s'étonnait de la légèreté avec laquelle elle s'adonnait à de telles pratiques.

Au début, tout allait bien pour Mamy. Lors du premier trimestre de l'année 1945, elle se classait 2ème sur 5, un résultat honorable pour une enfant de son âge. Ses notes, bien que modestes, montraient une élève assidue, mais pas forcément brillante dans toutes les matières :

- Instruction religieuse : 7
- Lecture et diction : 8
- Grammaire et analyse : 4
- Orthographe : 3
- Composition française : 4
- Devoirs : 6
- Géographie : 6
- Arithmétique : 6
- Récitation : 6
- Écriture : 5
- Dessin : 5
- Ouvrages manuels : 7

« Bien » dans des domaines comme la conduite, l'assiduité, la politesse, la tenue, l'ordre et la propreté, mais un « assez bien » en silence. « Ah, tu étais bavarde, Mamy ! Ce n'est pas bien, ça ! »

Cependant, au second trimestre, les choses commencèrent à changer. Mamy se souvint qu'une rumeur circulait : la sœur croyait que ses parents étaient Allemands. Pour elle, les Vosges n'étaient pas en France, et tout ce qui venait d'un autre pays semblait suspect. Cette ignorance, presque flagrante pour une enseignante, mettait Mamy en colère, lorsqu'elle remarqua qu'elle était considérée comme la petite étrangère de passage. La religieuse préférait se concentrer sur les filles dont les parents étaient bien en vue dans le village.

Elle fit sentir à Mamy qu'elle n'était qu'un poids, un parasite qui ne payait pas sa scolarité, ce qui était pourtant totalement faux. En réalité, son père réglait les frais de l'école en nature, en réparant gratuitement tous les appareils électriques du couvent. Mais cela ne suffisait pas à apaiser la religieuse, qui, dans sa logique étriquée, semblait refuser de voir au-delà de ses préjugés. Mamy en souffrait, bien qu'elle ne le montrât pas, sentant chaque jour un peu plus que son existence n'était qu'une ombre indésirable dans ce monde scolaire rigide.

Au second trimestre, elle ne travaille plus comme avant, l'attitude de la religieuse la décourage, les notes chutent, elle est classée 7ème sur 9 élèves, la catastrophe ! Le plus mauvais classement de sa scolarité ! Ce qui joue en sa défaveur c'est la conduite : passable, le silence : médiocre. « Encore du bavardage Mamy ! » Au trimestre suivant, sœur Philémon remplace la précédente. Ce n'est pas mieux ! Toutes ses notes sont minables sans exception. Elle n'a que 2 en arithmétique. Évidemment, plutôt que de faire une leçon, la sœur préfère leur parler du Diable et d'une femme possédée du démon qui est transportée d'un lieu à l'autre contre sa volonté. Une histoire terrifiante qui fait peur aux fillettes.

C'est une époque marquée par des campagnes de vaccination contre la tuberculose, une maladie qui sévit en raison des privations alimentaires infligées à de nombreuses familles. Mamy, comme beaucoup d'autres, se retrouve prise dans ce tourbillon de craintes et de gestes médicaux, sa cuti positive ne faisant qu'ajouter à l'inquiétude générale. On la croit malade, et cette rumeur ne fait qu'intensifier son isolement. Une petite Polonaise, l'une de ses camarades, est accusée d'avoir des poux, et son père, par crainte des jugements, décide de la retirer de l'école pour l'inscrire à l'école laïque. Les parents de Mamy sont tentés de suivre la même voie, d'autant que l'avenir scolaire de leur fille semble incertain. À cet âge, Mamy est suffisamment consciente de la situation pour ressentir profondément la marginalisation qui l'entoure. Elle commence à se sentir différente, mise à l'écart, presque comme une intruse dans cette école où les regards et les murmures se font de plus en plus pesants. Les remontrances incessantes et les doutes sur ses capacités l'assaillent. Elle comprend que la menace de la perte de son année d'avance plane, un coup dur pour son jeune esprit.

Ainsi, en 1946, à la rentrée, en raison de son âge, Mamy redouble le cours élémentaire. L'angoisse grandit en elle. La maîtresse de l'année précédente est de retour, mais le climat entre elles reste tendu, lourd de non-dits. Un jour, voyant que la sœur semble totalement indifférente à ses progrès, Mamy prend une décision qui peut paraître audacieuse pour une enfant de son âge : elle décide de ne plus se rendre à l'école. Trois jours d'absence, une fuite douce, mais déterminée, une évasion nécessaire. Son père, qui ne remarque aucun progrès dans son travail, lui donne son approbation. Il pense sérieusement à l'inscrire à l'école laïque. L'instituteur, son voisin, est bien connu et proche de la famille. Mamy, copine d'Annie, sa fille, serait conduite à l'école et récupérée chaque jour sans difficulté.

Au bout de ces trois jours, lorsque la sœur vient s'enquérir de son absence, en l'apercevant sur le chemin, Mamy choisit de se cacher derrière le lit. La rencontre est inévitable. La maîtresse, qu'elle a toujours perçue comme une figure autoritaire, n'est pas la bienvenue dans cette maison. C'est le père de Mamy qui prend la parole, d'une voix ferme et résolue :

– Ma fille ne veut plus aller à l'école. On ne lui apprend rien, ses progrès sont nuls, dit-il, et si ça continue, je vais l'inscrire ailleurs.

La religieuse, déstabilisée, tente de répondre :

– Comment ça, on ne lui apprend rien ? bégaya-t-elle, visiblement prise au dépourvu.

Mais le père, d'un ton calme, mais implacable, poursuit :

– Depuis qu'elle est au cours élémentaire, elle végète. On ne s'occupe plus d'elle, et elle n'évolue plus. Est-ce normal ?

Le visage de la sœur se décompose en un mélange de confusion et d'inquiétude. Elle sait que la perte d'une élève, aussi insignifiante soit-elle à ses yeux, pourrait nuire à sa réputation et l'exposer à des réprimandes de la Mère Supérieure. Une pointe de panique s'installe en elle. Elle craint pour la réputation et l'avenir de l'école. Alors, dans un dernier sursaut, elle répond, la voix tremblante, tout en cherchant à regagner un peu de son autorité perdue :

– Qu'elle revienne en classe demain, et on verra...

Elle finit par céder, convaincue qu'il n'y a d'autre option. Mamy, silencieuse et attentive, écoute cet échange sans mot dire, comprenant à la fois la fragilité de la situation et l'ampleur de son pouvoir en tant que fille et élève.

Le lendemain, elle retourne à l'école, mais la scène semble avoir marqué la religieuse qui change de comportement. Ses efforts deviennent plus visibles, et une nouvelle attention se porte sur Mamy. Les journées suivantes sont teintées d'un nouveau climat, moins oppressant. Le carnet scolaire de Mamy, à la fin de l'année 1946-1947, n'affiche que des progrès impressionnants : des bonnes notes, des félicitations pour sa conduite et son travail avec le tableau d'honneur.

C'est un véritable triomphe, la reconnaissance de son travail acharné, une victoire sur l'injustice qu'elle avait vécue, et une revanche douce sur la froideur de la religieuse.

Mamy m'a montré son livre de français du cours élémentaire, un ouvrage aux pages bleues, un compagnon fidèle de son enfance. Ce livre servait à la fois pour la lecture, le vocabulaire, la grammaire et la conjugaison. À travers ses pages, les saisons défilaient, et les poèmes se succédaient. L'un de ces poèmes, intitulé « Le crapaud désobéissant », mérite une anecdote qui, des années plus tard, amusa beaucoup Mamy.

Lorsque Mamy était professeur de français au collège de Saint-Priest, dans le Rhône, elle fut sollicitée pour corriger les poèmes d'un concours de poésie destiné aux enfants. Elle ne s'attendait pas à ce qui allait suivre. Quelle surprise, en effet, lorsqu'elle découvrit « Le crapaud désobéissant » dans les copies d'un élève du cours moyen. Son sang ne fit qu'un tour. Le jeune concurrent avait eu la malchance de tomber sur une correctrice qui avait appris ce texte par cœur en école élémentaire ! Immédiatement, Mamy alerta le président du jury de ce plagiat, une évidence pour elle, mais peut-être moins pour d'autres. Elle exigea que l'on prenne en compte ce manque d'originalité.

L'organisateur du concours, visiblement contrarié par l'accusation, demanda à Mamy de prouver ce qu'elle avançait, insistant sur la nécessité de fournir une photocopie de la page du livre et le nom de l'éditeur. C'était un livre édité par Hatier. Mamy, toujours avec cette énergie de défense de la vérité, se conforma à la demande et envoya la preuve du plagiat. Elle n'a jamais su comment l'incident s'était terminé, mais depuis ce jour-là, elle ne fut plus jamais sollicitée pour être correctrice des poèmes de ce concours. La situation la fit sourire, un peu amère peut-être, mais elle n'avait pas perdu de vue la rigueur de son enseignement et l'importance de l'honnêteté.

Je me souviens aussi avoir feuilleté son livre de géographie, et un passage m'a particulièrement frappé. Le texte disait que, au bord de l'océan, la marée monte et descend deux fois par jour et qu'elle revient comme un cheval au galop. Quelle image ! Mais quelle erreur aussi ! Cette comparaison, bien qu'évocatrice, ne faisait pas honneur à la réalité des marées, et surtout à la précision nécessaire dans un tel manuel. Depuis, je comprends mieux la réticence de Mamy à s'aventurer sur les plages de Bretagne lors des marées basses, où l'eau semble fuir bien plus loin qu'on ne l'imagine. C'était presque devenu pour elle une image de défi, une forme de défiance contre la vision simpliste de cette marée qui revient comme un cheval fougueux.

Enfin, il y avait ce livre d'histoire, avec des récits héroïques qui forgeaient une certaine vision du passé. Par exemple, ce passage affirmant que « Charles Martel a arrêté les Arabes à Poitiers ». Quel homme ! Une silhouette héroïque, presque mythologique, figée dans l'histoire de France. Et puis, il y avait ce récit de Bayard, le chevalier sans peur et sans reproche, qui, selon le texte, défendait seul le pont du Garigliano contre deux cents Espagnols. Ah, quel idéal, d'invincibilité ! Ces « surhommes » de l'époque semblaient être sortis tout droit des pages d'un conte légendaire, où chaque acte de bravoure devenait un mythe. Ces récits forgèrent une fausse image du monde de Mamy.

L'analyse grammaticale était le point faible de Mamy. On ne lui avait pas appris le sens des mots comme « masculin », « féminin », « singulier » ou « pluriel ». Pour elle, ces concepts étaient aussi flous que des nuages lointains, et elle se fiait alors au hasard, ce qui, il faut bien l'avouer, n'était pas la méthode la plus fiable. Mais Mamy n'était pas seule dans son dilemme. Sa copine Raymonde, quant à elle, avait eu la chance d'être instruite par sa sœur aînée, et elle s'improvisait professeur de grammaire pour Mamy en échange d'une boîte de coco. C'était un système de troc assez pratique, au grand bonheur des filles.

Les boîtes de coco, vendues chez les épiciers du coin, et notamment à « l'Étoile du midi », le magasin de Monsieur Douziech, avaient un succès phénoménal. Ces boîtes rondes, en métal, aux couvercles bleu, jaune et rouge, ornées d'une étoile, étaient devenues presque aussi populaires que des bonbons. À l'intérieur, il y avait de la poudre de coco, qui ne se contentait pas seulement de satisfaire un goût sucré, mais qui servait aussi de monnaie d'échange dans les cours de récréation. Le coco, une poudre ocre et jaune, était fabriqué à partir de racines de réglisse finement broyées et déshydratées, aromatisées à l'anis et mélangées à du bicarbonate de soude. Sans sucre ajouté, il se diluait dans l'eau pour créer une boisson saine et rafraîchissante, un véritable délice pour les enfants.

Mais ce n'était pas tout ! Le vrai régal, celui qui faisait briller les yeux des petits, était le détournement du mode traditionnel de dégustation. Il fallait mouiller son doigt, le plonger dans la boîte et succomber à la douceur de la poudre qui fondait instantanément sur la langue. Et pour les plus audacieux, il y avait la méthode extrême : tremper directement la langue dans la poudre, pour une explosion de réglisse qui réveillait toutes les papilles ! À cette époque, le chewing-gum n'était pas encore une mode ; on parlait encore de pâte à mâcher.

Malgré leur jeune âge, les fillettes ne manquaient jamais d'espièglerie. Dans la salle d'études du cours élémentaire, de 5 à 7, l'atmosphère était un mélange de murmures et de chuchotements. Les filles, les oreilles bouchées par leurs deux index, répétaient leurs leçons à mi-voix. C'était leur manière à elles d'apprendre par cœur, sans vraiment comprendre ce qu'elles récitaient. Les mots défilaient dans un vacarme incessant. Mais tout s'arrêtait soudainement, comme un coup de maître, lorsque Bernadette, la plus malicieuse, tendait son bras pour appuyer sur le commutateur en plongeant la salle dans l'obscurité. Les autres, les yeux écarquillés et les mains en l'air, croyaient à une panne d'électricité et, dans la panique générale, la sœur leur faisait réciter des prières dans le noir, espérant que la lumière reviendrait rapidement et surtout pour empêcher les bavardages.

Lorsque l'heure de la sortie approchait, Bernadette remettait la main sur le bouton et, à ce moment-là, la sœur, croyant naïvement que les prières avaient été exaucées, prenait les élèves à témoin de la toute-puissance divine. Mais un soir, la vérité éclata. La sœur, en voyant les lampes des rues et les salles éclairées dans l'autre bâtiment, comprit que la panne d'électricité n'était pas générale. Elle découvrit avec un certain choc que ce n'étaient ni les prières ni la divine intervention qui avaient ramené la lumière, mais bien le simple fait d'appuyer sur le commutateur. C'était la fin de cette petite comédie, et avec elle, la fin des bons moments de mystère et d'innocente malice.

Mamy riait de bon cœur en me racontant cette histoire.

Un soir, pendant l'étude, Geneviève, la fille du vétérinaire, exhiba un stylo à bille que son père avait rapporté d'un voyage à Paris. C'était une vraie révolution, un stylo qui écrivait sans plume ! Toute fière de sa trouvaille, Geneviève s'en était barbouillé la figure, laissant des traces noires sur ses joues et son menton. La sœur, voyant son visage tout en rayures, lui demanda d'essuyer les marques avec son mouchoir, mais malheureusement, rien n'y fit. Les traces refusaient de partir. Geneviève rentra donc chez elle, la figure gribouillée, en provoquant des éclats de rire.

C'était la première apparition du stylo à bille qui allait quelques années plus tard remplacer la plume Sergent-Major.

Puis un jour, la sœur tomba malade et dut s'absenter pour un mois ou deux. C'est alors qu'une jeune fille de dix-huit ans, bachelière, prit sa place. Elle s'appelait Jeannette Nespoulous. Elle était jolie, avec des anneaux aux oreilles qui bougeaient à chaque mouvement de tête, et des cheveux bouclés qui lui donnaient un air enjoué et moderne. Ses vêtements multicolores étaient en totale opposition avec la robe noire austère des religieuses et en fin de compte, on voyait ses jambes !

À sa manière d'enseigner, elle apporta une touche de fraîcheur et de légèreté. Les leçons de Jeannette captivèrent Mamy, qui redoubla d'efforts pour lui être agréable et faire bonne impression. Son arrivée coïncida avec celle du printemps. Les fenêtres grandes ouvertes laissaient entrer l'air frais, les abeilles bourdonnaient et le chant des oiseaux se mêlait à l'odeur du matin. Elle était devenue un rayon de soleil, illuminant les années de Mamy au cours élémentaire.

Malheureusement, ce bonheur fut de courte durée. La sœur, contre toute attente, revint bien avant les grandes vacances. Mamy, en pensant à elle, se souvenait de certains détails qui marquaient son époque à l'école. Ce que Mamy avait retenu de sœur Angèle, ce ne sont pas tant les leçons de grammaire ou de mathématiques, mais plutôt les récits d'Histoire Sainte qu'elle leur racontait, les fables de La Fontaine, et surtout ses propos totalement inappropriés sur Voltaire. La sœur avait une façon bien à elle d'évoquer l'écrivain, en riant : « Il est mort sur son vase de nuit. » À cette époque, nous ne comprenions ce que cela signifiait. Les enfants se demandaient ce qu'était ce mystérieux « vase de nuit » et comment Voltaire pouvait être lié aux leçons dans un cours élémentaire. Ce mélange d'incompréhension et de curiosité éveillait l'esprit de Mamy.

Voilà comment se passaient les récréations. L'hiver, glacial et mordant, imposait aux enfants de tous les niveaux de se regrouper pour participer à la ronde, menée par une religieuse au ton autoritaire. Leur souffle se mêlait à la brume froide tandis qu'elles tournaient en chantant « plantons la vigne », « en passant par la Lorraine », ou bien « sur le pont d'Avignon »... Des airs qui flottaient dans l'air, se brisant parfois sous les éclats de rire des plus grandes. Mamy détestait ces rondes, un tourbillon de bras et de corps qui s'entremêlaient dans une agitation qu'elle trouvait trop violente. Les grandes leur tiraillaient les bras avec une force presque brutale, leurs rires résonnaient comme des éclats de fer-blanc. Pour elle, ces moments étaient un véritable supplice.

Lors des jours plus cléments, quand la brise adoucissait l'air, les élèves du cours élémentaire se réfugiaient sous le préau. Elles jouaient à « passez pompons les carillons », une chanson qu'elles entonnaient en chœur, les petites voix se mêlant aux éclats des plus grandes. « Les portes sont ouvertes, passez pompons les carillons, les portes s'ouvriront... » L'air était rempli de cette mélodie simple et joyeuse, mais la fin de la chanson était toujours marquée par un éclat de rire étrange et déconcertant, celui des grandes qui chantaient : « Zinzin la soupe à l'oseille, pour les demoiselles, la soupe à l'oignon, c'est pour les garçons. » Ce chant, à la fois innocent et moqueur, flottait dans l'air comme une vieille rengaine qu'elles n'avaient pas choisie, mais qui faisait partie de leur quotidien.

Puis, il y avait le jeu du « loup ». Bernadette, très fière de son rôle, était redoutée de toutes. Les petites, tremblantes, chantaient pour exciter le loup : « Promenons-nous dans le bois, tant que le loup n'y est pas... » La chanson, innocente en apparence, cachait une frayeur palpable. « Si le loup y était, il nous mangerait », chantaient-elles en se précipitant sous le préau, leurs voix hautes et stridentes résonnant comme un cri d'alarme. Le bruit des petits pieds battant le sol, les éclats de rire nerveux, tout cela formait un vacarme joyeux et paniqué à la fois. « Loup, y es-tu ? Entends-tu ? Que fais-tu ? » Le loup, dans sa grande fierté, répondait avec une voix tonitruante : « J'enfile mes bottes ! » Et les petites, effrayées à l'idée d'être croquées, s'enfuyaient dans un tourbillon de cris, leurs robes et leurs jupes volant au vent, fuyant la menace invisible, mais bien réelle dans leur imagination.

Il y avait aussi des jeux plus violents. Le ballon prisonnier était un combat de force. Une grande, impitoyable, lançait le ballon avec une telle vigueur que les petites se réfugiaient contre le mur du préau pour tenter de l'éviter. La peur de se faire toucher était palpable, mais ce qui était le plus douloureux, c'était la malice de celle qui lançait le ballon. Elle savait qu'elle pouvait faire mal, et elle en riait, d'un rire cruel qui résonnait dans l'air glacé.

Heureusement, elles pratiquaient des jeux plus doux, comme « le chat perché », dans la petite cour ou, « le chat et la souris », « le béret » qui se jouaient souvent dans le préau les jours de pluie. La marelle, les billes, les osselets, étaient des activités plus calmes, où les petites pouvaient se retrouver dans un coin à l'écart, concentrées, sans la pression des grandes. Plus tard, au cours moyen, les jeux évoluaient : la balle au mur, le saut à la corde, devenaient des défis où la compétition prenait une place grandissante. Les plus grandes, par les beaux jours, jouaient au croquet.

Mamy m'a expliqué toutes ces activités d'un autre temps, ignorées aujourd'hui, mais qui étaient un passage obligé de leur enfance. À l'époque, les sœurs ne voulaient pas les voir discuter en petits groupes, car c'était faire du « mauvais esprit ». Tout devait être sous contrôle, organisé, comme une mécanique bien huilée. Le bruit des voix, des chants et des cris emplissait l'air, mais c'était la discipline qui gouvernait ces moments. Mamy me racontait cela avec un mélange de nostalgie et de résignation, comme si, au fond, elle savait que ces jeux avaient été une façon de contenir l'esprit des enfants et de les contraindre à une forme de soumission.

Cette institution religieuse a l'avantage d'offrir aux enfants un cadre strict, mais protecteur, les gardant une bonne partie de la journée, de 8 h 30 à 19 h, après l'étude. Le petit clocher, qui surmonte le toit du couvent, émet son cristallin, un tintement qui traverse les rues étroites et résonne jusque dans les recoins les plus reculés du village. La religieuse tire sur la corde, dans la cour, dès huit heures vingt-cinq, et la cloche retentit avec une régularité presque sacrée. Les externes ont juste le temps de quitter leurs maisons, de courir dans la rue, avant de se précipiter à l'école, le souffle court, les joues rosies par l'effort.

À l'arrivée dans la cour, elles se mettent en file et commencent à tourner dans la cour en chantant. Puis chaque rang se dirige vers sa salle de classe. Elles rentrent, restent debout, attendant le signal pour s'asseoir et disent une prière « Mon Dieu bénissez le travail que nous allons faire, au nom du père, du fils et du Saint-Esprit ».

Avant de sortir en récréation, encore la prière et ainsi à chaque entrée et sortie.

Mamy, revient à midi pour manger un morceau rapidement avec ses parents avant de repartir aussitôt, déjà pressée de retrouver ses camarades. Sur le rebord plat de la fenêtre donnant sur la salle des maternelles, elles jouent aux osselets.

À seize heures trente, une petite pause pour un goûter bien mérité. Mamy court chercher sa tartine, puis elle retourne aussitôt pour l'étude, s'asseyant à sa place avec la rigueur qui lui est propre. Les heures s'étirent jusqu'à dix-neuf heures, entre travail et silence, ponctuées uniquement par les coups de la cloche qui annoncent la fin de la journée.

Elle passe peu de temps à la maison, car chaque jeudi matin est occupé par le dessin, le chant, et l'étude du soir, un emploi du temps rigide où chaque minute semble être un devoir à accomplir.

Le dimanche, la messe, les vêpres et l'étude s'enchaînent, un cycle sans fin qui structure sa semaine. Et puis, l'hiver, les soirées qui arrivent trop tôt, la nuit noire qui se fait pesante à mesure que l'horloge avance. Mamy rentre alors, seule, dans la ruelle sombre, où les ombres des maisons semblent se tordre sous la lumière pâle de la lune. Elle court d'une traite, ses pas résonnant sur le sol mouillé, chaque coin d'ombre devenant un piège possible. Les arbres dénudés, aux branches tordues, se transforment en monstres menaçants, leurs silhouettes sinistres se découpant dans la lumière blafarde. La lune éclaire faiblement la scène, et Mamy, le cœur battant la chamade, accélère le pas, fermant à demi les yeux pour ne plus voir ces spectres imaginaires. Elle court encore plus vite, sentant la chaleur du foyer familial qui l'attend derrière la porte.

Un jour, sa maman est hospitalisée pour une opération de la hernie à Rodez, et la séparation pèse lourd sur Mamy et son père, qui, bouleversés, prennent le car pour lui rendre visite. Le trajet est long, le car serpentant à travers les collines et les virages de la route, chaque tournant amplifiant la gêne de Mamy. Sur cette route sinueuse, son estomac se tord, et elle lutte contre le malaise, le paysage flou défilant derrière la vitre. Parfois, elle ferme les yeux pour échapper à l'agitation, mais le mal de cœur persiste.

Ils s'arrêtent enfin à Rodez, sur une grande place où se dresse fièrement la statue de François Fabié, l'air solennel et l'expression marquée de ce poète immortalisé par le bronze. Mamy se souvient encore du restaurant où, pour la première fois, elle a goûté au chou-fleur en salade, un plat étrange et peu apprécié, au goût trop amer pour ses papilles, qui est resté gravé dans sa mémoire comme un souvenir de désagrément culinaire.

Pour soulager son père, les sœurs de l'institution accueillent Mamy en pension pour une semaine. Elle se retrouve dans un dortoir vaste et impersonnel, où tous les lits sont alignés côte à côte, les couvertures bien pliées et les oreillers posés à égale distance les uns des autres, dans un ordre parfait qui la fait se sentir un peu étrangère. Les bruits du dortoir, le froissement des draps et le murmure des autres enfants endormis forment une symphonie de solitude, mais aussi d'isolement. La sœur, vêtue de sa robe noire austère, lui tresse lentement ses longs cheveux, ses gestes méthodiques et silencieux, ajoutant à l'atmosphère stricte du lieu. Les repas, pris dans le réfectoire, sont marqués par une odeur particulière, une odeur de cardon qui flotte dans l'air, un parfum que Mamy n'oubliera jamais. Le cardon, ce légume si détesté des fillettes, envahit l'espace, s'incrustant dans les murs comme une marque de la rigidité des règles de cet endroit, où chaque détail semble peser.

Dans cette pension, elle rencontre une autre fillette, venue de Pologne, qui porte sur elle l'ombre d'une vie difficile. La petite a la jambe prise dans une armature de fer, et son teint pâle, presque translucide, contraste avec la vitalité des autres enfants. Ses cheveux blonds, tirés en arrière, tombent en mèches soignées, et elle parle peu, comme si chaque mot devait être pesé avant de sortir. Mamy se souvient d'une chanson qu'elle chantait dans sa langue natale, une mélodie douce et mélancolique qui flottait dans l'air, comme un souvenir d'un autre monde. Bien que les mots lui échappent, la chanson est restée gravée dans sa mémoire, un écho lointain qui la relie à cette enfant, dont l'existence semblait être une frontière invisible entre deux mondes.

Mamy m'a avoué, avec une touche de nostalgie, qu'elle n'était pas toujours facile à dompter. Et si sa mère l'appelait « la petite sorcière », elle n'avait vraiment pas volé ce surnom. Sage comme une image à l'école, elle se défoulait chez elle, un peu comme un vent tempétueux qui ne trouvait pas de place pour se calmer. Suzanne, sa mère, souvent désarmée face à son tempérament, se tournait alors vers Robert, le père de Mamy, et lui disait : « Donne-lui une bonne fessée ! » Cela ne voulait pourtant pas dire qu'elle aurait été capable de le faire elle-même.

À cette époque, la fessée était considérée comme le remède miracle pour éduquer les enfants, une pratique ancrée dans le quotidien comme une vérité indiscutable.

« Heureusement, je n'ai pas connu ça ! », s'écrie Hippolyte.

Mais les fessées n'étaient pas seules à sévir dans l'éducation de Mamy. Les coups de martinet, eux, laissaient des traces plus profondes. Les lanières zébraient les cuisses de la petite, lui rappelant chaque jour les règles implacables du foyer. Ce martinet, vendu couramment dans le bazar Marty, un magasin où se trouve maintenant la couturière, était un instrument essentiel dans la plupart des foyers, un symbole de l'autorité parentale. Le sien, fait maison, avait été fabriqué par son père avec un morceau de manche à balai et des lanières découpées dans une chambre à air de vélo. Il l'avait attaché solidement avec des pointes. Il n'y avait pas de doute, tous les parents connaissaient l'adage : « Qui aime bien, châtie bien ».

Mamy se souvient d'une scène particulièrement pénible. Elle raconte comment, une fois, les coups de martinet, bien que souvent mérités, la révoltaient au point que, pour se défendre, elle avait mordu son père au mollet lors d'une correction. La colère et la révolte l'envahissaient. Ce fut un acte de défi, mais aussi de douleur. En réponse, son père, furieux, l'enferma dans un réduit tout noir pour la calmer, tandis que sa mère, les yeux remplis de mépris, prononça ces mots : « Elle a le diable au corps ! » Une sentence qui, selon Mamy, allait marquer à jamais son rapport à ses parents. Ces corrections, inscrites profondément dans sa mémoire, étaient devenues pour elle des stigmates d'injustice. Elle en venait à supposer que ses parents avaient cherché à la pousser à bout, pour ensuite l'accuser de violence, comme si sa révolte était une forme de faute.

Mais un jour, à l'école, la maîtresse, toujours attentive, remarque des zébrures violacées sur les cuisses de Mamy. Poussée par un instinct protecteur, elle interroge alors le père. Celui-ci répond sans hésitation :

– Elle est insupportable à la maison, elle n'écoute rien, comment voulez-vous que je la dresse ?

– À l'école, elle ne bouge pas, elle est sage comme une image, il faut bien qu'elle se défoule à la maison.

– Je préférerais qu'elle se défoule aussi un peu à l'école ! répliqua le père de Mamy.

Ce jour-là, Mamy ressentit une forme de soulagement, non seulement parce qu'elle avait été défendue, mais aussi parce que la maîtresse, bien que sévère, avait compris la réalité de sa situation. C'était un moment de justice, presque inédit pour Mamy, qui reprochait à ses parents de ne voir que ses défauts.

Elle craignait les sœurs plus que ses propres parents. Pourtant, les religieuses ne tarissaient pas d'éloges à son égard : « Elle est intelligente, elle apprend ce qu'elle veut, etc. » Ces compliments la ravissaient, car ils étaient comme un baume sur les blessures invisibles laissées par ses parents. Mamy aurait voulu la reconnaissance de ses qualités, mais leurs yeux ne voyaient que ses défauts. Petit à petit, les sœurs la détournaient de ses parents en lui inculquant des valeurs qui se distinguaient de celles de la maison. Elles lui disaient que ses parents iraient en enfer parce qu'ils ne fréquentaient pas la messe, comme les autres parents, et Mamy, une fois de plus, se sentait exclue, marginalisée. Elle vivait avec une double personnalité, insupportable à la maison, sage comme une image à l'école.

Un jour, après une énième scène de colère et de frustration, elle prit une décision radicale. Exaspérée par les corrections répétées, elle mit le martinet au feu de la cuisinière. Ce fut la fin des corrections. « Bravo ! Mamy ! ». Ce geste audacieux, cet acte de révolte, fut un tournant. Ce fut le moment où Mamy, en luttant contre ce qui la blessait, trouva une forme de liberté et de respect d'elle-même. Ce fut la fin des chaînes invisibles qui l'entravaient.

Chapitre 11
Approche de la religion

« Voilà une partie du récit de Mamy qui fut pour moi une découverte, car je n'ai jamais eu d'instruction religieuse. J'en ai appris des choses ! »

– À 7 ans, j'ai atteint l'âge de raison, alors je fais la connaissance de deux sacrements importants, la confession et la communion, tout un programme. Le pire souvenir restera celui du jour où je devais, pour la première fois, aller me confesser dans le confessionnal, une petite armoire mystérieuse où l'on se mettait à genoux après avoir tiré un rideau pour nous dissimuler. On nous avait appris à commencer par « bénissez-moi mon père parce que j'ai péché ». Je prononçai ces mots, intimidée par l'obscurité et j'attendis. Cependant, personne ne répondit et je restai figée, immobile dans le noir, toute tremblante. Ne sachant que faire, j'étais sur le point de pleurer. Je ne savais pas qu'il fallait attendre, pendant que le prêtre confessait une autre personne. La tension montait, l'air semblait lourd et oppressant. Puis, soudain, un bruit, le frottement du bois. Le volet à glissière s'ouvrit brusquement, et je sursautai en apercevant le visage sévère du prêtre à travers la grille. Un frisson glacé me parcourut.

Je balbutiai alors, encore plus effrayée : « Bénissez-moi mon père parce que j'ai péché ».

Ce fut un sale moment à passer, car j'étais bien obligée d'inventer des fautes non commises pour justifier ma présence dans le confessionnal. J'avais l'impression de jouer un rôle que je ne comprenais pas vraiment. « J'ai menti, j'ai désobéi à mes parents, j'ai été gourmande, curieuse, etc. » Chaque fois je ressortais la même litanie, me répétant intérieurement que c'était une comédie, mais sans pouvoir m'en défaire. Quand je me forçais à dire « j'ai menti », c'était comme si ces mots résonnaient en moi comme une vérité, car c'était bien à ce moment-là que je mentais en inventant des fautes non commises.

« Mamy n'était pas au bout de sa peine ». Elle continua en souriant :

À cette époque-là, comme si ce souvenir l'amusait, une religieuse, particulièrement zélée, poussait les élèves vers le confessionnal du vieil abbé à moitié sourd, l'abbé Migno. Son oreille collée à la grille ne percevait plus assez distinctement la voix qui murmurait les péchés. Alors, tout en fronçant les sourcils et en prenant un air sévère, il s'exclamait invariablement : « Plus fort ! ». C'était gênant, d'autant plus que celles qui attendaient leur tour, tout à côté, n'hésitaient pas à tendre l'oreille. La confession, qui au départ semblait intime et secrète, se transformait peu à peu en un spectacle public, et chaque péché, même le plus insignifiant, devenait un sujet de conversation pour les autres enfants.

Et la religieuse, n'étant pas en reste, n'hésitait pas à s'incliner discrètement, tout près de la grille, pour entendre ce qui se disait. Les visages des enfants étaient toujours un peu plus rouges à chaque confession, mais c'était le prix à payer pour être purifié, croyait-on.

Ensuite, on leur apprend à communier avec des hosties, ces petits disques blancs, tout légers, qui semblent si innocents, mais qui cachent un mystère sacré. Au moment voulu, pendant la messe, les fillettes se lèvent de leur banc, le corps tout tendu d'excitation et d'appréhension. Elles avancent en silence vers la sainte table, les mains jointes, les yeux baissés, et se penchent, doucement, s'agenouillant sur le carrelage froid. Leurs cœurs battent la chamade alors qu'elles ferment les yeux, tirant la langue comme on le leur a enseigné, prête à recevoir le corps du Christ dans cette petite forme blanche, aussi fragile qu'une étoile. Il faut avaler l'hostie sans la toucher avec les dents, sans laisser aucune trace de souillure. C'est un rite si pur, mais en même temps si déstabilisant.

Pour les mettre en garde, sœur Philémon, avec sa voix tremblante d'autorité, leur a raconté une histoire terrifiante. Il s'agissait d'un incroyant, un homme dont le cœur était si froid qu'il avait pris une hostie pour la clouer sur le mur, dans un geste de défiance. Mais, quelle ne fut pas sa surprise, alors qu'il vit du sang s'écouler de l'hostie, comme un torrent souillant sa main. Ce phénomène inexplicable le conduisit à une conversion immédiate. Il se repentit de son acte, tremblant de honte, remerciant le ciel de lui accorder un tel miracle pour lui ouvrir les yeux. Depuis, Mamy, chaque fois qu'elle communiait, s'imaginait, horrifiée, qu'en y donnant un coup de dent, du sang pourrait jaillir de sa bouche, un spectacle macabre.

« Quel traumatisme pour ces fillettes ! Mais c'est abominable ! »

Mamy poursuit son récit.

– La journée du dimanche était entièrement consacrée à l'église. Le supplice dominical commençait dès 7 heures, pour la première messe, où il fallait se rendre à jeun pour pouvoir communier. Mamy se souvient de la sensation de son estomac qui se tordait, tellement affamée qu'elle allait s'évanouir à tout moment. Ses jambes étaient faibles, elle était pâle, ses joues presque translucides, et n'osait pas s'asseoir quand il fallait rester debout ; ce moment semblait une éternité.

Après la messe, elle rentrait brièvement chez elle, et se jetait sur son petit déjeuner avec frénésie, comme si chaque bouchée était un remède contre la privation imposée par la discipline. Ce répit ne durait pas, car à 10 h 30 les cloches l'appelaient pour la grand-messe et ainsi le dimanche matin se passait presque entièrement à l'église.

À 15 heures, elle se rendait aux Vêpres, participait à la promenade avec les internes puis l'étude de 17 à 19 heures. Elle retournait chez elle où ses parents ne l'avaient pas vue de la journée, et cette absence se faisait presque pesante. Si son père voulait l'emmener à la pêche, un mot d'excuse était indispensable, sans quoi elle risquait d'être vue comme une insubordonnée. Les religieuses tenaient fermement les élèves en main, comme si elles voulaient les couper de tout lien avec le monde extérieur, un processus d'embrigadement pour les enfermer dans une sorte de bulle, un monde clos où seules leurs règles faisaient loi.

Aux beaux jours, une tenue impeccable était de rigueur pour entrer à l'église. Il fallait porter des socquettes pour cacher les pieds nus, des robes ou des chemisiers à petites manches pour ne pas dévoiler les bras, et surtout, la tête devait être couverte d'un foulard. Aujourd'hui, en repensant à cette époque, Mamy m'a confié : « Mon petit Hippolyte, depuis que j'ai quitté cette école, je n'ai plus aucune envie d'aller à la messe. On m'a trop forcée à y assister dans mon enfance. »

Elle sourit doucement, presque d'un air de libération, consciente que, comme beaucoup d'enfants, elle avait été victime d'une emprise qui ne permettait pas de comprendre vraiment le sens de ce qui lui était imposé.

« Comme je te comprends, Mamy », dis-je, touchée par ses mots.

Mais son récit se poursuit, comme un flot continu de souvenirs, teintés de cette nostalgie douce-amère qui lui donne des airs de roman inachevé. « Je participais souvent à des processions organisées pour des motifs divers, parmi lesquels les Rogations, où nous nous rendions au pied des croix marquant les quatre entrées du village. Nous priions pour que les récoltes soient abondantes, pour que les champs donnent tout ce qu'ils peuvent. Les prières s'élevaient comme des chants doux dans l'air frais du matin, et les gestes, méticuleusement appris, semblaient rendre chaque moment sacré, empreint de solennité. »

« Un certain dimanche, poursuit-elle, chacune de nous devait venir à la messe avec une croix ornée de papier crépon. Papa avait fait de son mieux pour décorer la mienne, avec amour et soin. Hélas ! Je fus mécontente de son travail. Je me souviens du moment précis où je traversais la place de l'église pour rejoindre le groupe de mes camarades. Le soleil, haut dans le ciel, projetait des ombres dansantes sur le sol. C'est à ce moment-là que j'aperçus les croix des autres filles, toutes du même modèle, décorées du même papier bouffant, de la même teinte criarde. Elles étaient parfaites, sans la moindre originalité. Et là, en un instant, un grand vide s'est ouvert dans mon cœur. J'étais triste, les larmes montaient à mes yeux tant je me sentais marginalisée avec ma croix et j'en voulais à mon père, injustement. Josette, la seule à s'apercevoir de ma détresse, sut me consoler en me disant : « Ta croix est la plus belle de toutes, car elle est différente. Les autres sont toutes pareilles, sans personnalité. »

Quand on est enfant, on accepte mal la différence. On voudrait tant se fondre dans le paysage, être comme les autres, invisible dans une foule de similitudes.

À certaines occasions, on nous proposait de faire des sacrifices, une manière de nous corriger de nos défauts, d'apprendre à dompter nos vices. Par exemple, si nous résistions à l'envie de manger notre dessert, c'était un sacrifice. Ces petits sacrifices étaient souvent matérialisés de façon symbolique, comme une punaise colorée plantée dans un tableau représentant le cœur de Jésus, chaque punaise une victoire contre le péché, une petite victoire personnelle.

D'autres fois, on nous demandait d'apporter de la nourriture pour les pauvres. Huguette, toujours prête à se montrer généreuse, avait apporté un saucisson, une offrande pleine de bonne volonté. Mais, à sa grande surprise, lorsqu'elle entra dans le réfectoire des sœurs, elle les surprit en train de manger… le saucisson ! Les « pauvres », c'était elles, tout simplement.

Un jour, avant les grandes vacances, les sœurs nous ont conduites en car à Ambialet, continue Mamy, le regard lointain. Elle n'a que peu de détails du voyage, mais un souvenir particulier est resté gravé dans sa mémoire. Ce dont je me souviens, c'est que maman avait dit, en partant à la religieuse : « Si vous allez au bord du Tarn, qu'elle ne mette pas les pieds dans l'eau, car elle est enrhumée. » Je me souviens du frisson d'irritation qui parcourut mon corps. Pourquoi fallait-il que ma mère se mêle encore de tout ?

En cet après-midi ensoleillé, alors que les filles se mouillaient joyeusement dans l'eau claire du Tarn, cherchant des vairons dans les eaux fraîches, mes parents arrivèrent en pétrolette. Quelle honte ! Quand Renée, me tirant par le bras, dit « regarde, voilà tes parents ! » Le rouge aux joues, au lieu de courir vers eux, fière de leur moyen de transport moderne, je fis semblant de ne pas les voir. J'étais furieuse de constater qu'ils venaient pour me surveiller.

Aujourd'hui, avec le recul, je me rends compte de cette attitude inqualifiable. J'aurais dû être fière de mes parents, qui étaient jeunes, dans le vent. Maman, si jolie dans sa robe à fleurs, contrastait avec les autres mères, plus austères, plus âgées. J'aurais dû être fière d'avoir des parents aussi remarquables.

À présent, voici comment Mamy passait ses grandes vacances.

« Je m'ennuyais beaucoup à la maison », raconte-t-elle avec une pointe de mélancolie dans les yeux. Les copines d'école me manquaient, Monique partait en colonie de vacances avec ses sœurs, et je me retrouvais seule, à m'inventer des jeux et à parler à un double imaginaire, une compagne de solitude qui m'offrait de l'aventure sans fin.

Cette solitude, bien que pesante, permettait à mon esprit d'explorer des territoires infinis, façonnant des mondes où j'étais libre. Mais, fort heureusement, les religieuses trouvèrent un moyen pour m'occuper cette année-là. Leur maison mère se trouvait à Marseille, et en été, elles accueillaient des fillettes marseillaises venues goûter l'air pur de la campagne. Ces petites citadines, si différentes de nous, semblaient ravies de fuir la chaleur étouffante de la ville pour se perdre dans l'immensité verte du paysage.

Chaque jour, elles se rendaient en promenade sur la route de Lincou, une route qui serpentait entre les collines, et quand le groupe passait devant ma porte, elles me prenaient avec elles, comme une amie de plus. Après un ou deux virages, nous arrivions dans une châtaigneraie, un petit coin de paradis où le temps semblait suspendu. C'était un lieu magique, où le parfum des châtaignes mûrissantes se mêlait à l'air vif de la montagne, et où la lumière filtrée à travers les branches dansait sur le sol. Nous passions l'après-midi à jouer, à fabriquer des robes en assemblant des feuilles de châtaigniers et des brindilles. C'était un jeu inventif, un jeu d'âme pure. « On commençait par la ceinture », explique Mamy, « puis, à partir de là, on ajustait des bandes de feuilles, comme une couture invisible faite par la nature elle-même. On se fabriquait aussi des chapeaux, des couronnes de feuilles qui nous donnaient l'impression d'être des princesses d'un autre temps. »

Ces après-midi étaient marqués par des rires et des cris joyeux. « On jouait à cache-cache dans les fougères », se souvient-elle avec un éclat de rire, comme si ces jeux étaient encore gravés dans sa peau. Pendant ce temps, la religieuse se tenait à l'écart, un chapelet entre les mains, ou elle lisait une vie de saint, la voix calme, presque hypnotique, dans l'air tranquille de la forêt. À regret, nous quittions cet endroit paradisiaque, mais en sachant que nous y reviendrions le lendemain », poursuit Mamy avec une touche de nostalgie.

Mais ce qui l'enchantait encore davantage, c'était de faire la connaissance de ces filles venues d'ailleurs. Elles lui apportaient des idées nouvelles, des manières de penser différentes, des rêves qu'elle n'aurait jamais imaginés. Leur influence s'insinuait en elle, et lui donnait l'envie de connaître Marseille, cette grande ville qu'elles évoquaient avec des étoiles dans les yeux.

Il y avait aussi les chants, ces chansons venues d'ailleurs, des airs d'enfance chantés sur des mélodies étranges et lointaines. « Elles m'ont appris à chanter cette chanson enfantine d'origine iroquoise », explique Mamy, les yeux pétillants. « 'Ani kuni chaouani Awawa bikana caïna Et aouni bissini.' »

Ces mots, mystérieux et puissants, résonnaient dans ma tête, porteurs d'une mélancolie qui me semblait lointaine, presque sacrée. « C'est une lamentation venant d'une cérémonie de danse des esprits », ajoute-t-elle en haussant les épaules, presque gênée par l'énigme de ces paroles. Elle se souvient récemment avoir cherché une traduction, et plusieurs versions s'étaient présentées à elle, dont celle-ci : « Père, ayez pitié de moi, parce que je meurs de soif, il n'y a plus rien, je n'ai rien à manger. » Ce chant, venu d'un autre monde, a traversé le temps et l'espace, et, à son grand étonnement, elle l'avait retrouvée chantée par Polo et Pan dans un tube sorti en 2021, un hommage vibrant à la culture amérindienne. Mamy, qui ne connaissait pas ces nouvelles versions, a ri, son cœur battant la chamade à l'idée que ce chant, vieux comme le monde, ait traversé les générations.

« Je me souviens très bien de cette chanson apprise à l'école », dis-je avec un sourire amusé. Et, quand je l'ai chantée à Mamy, j'ai été bien étonnée de constater qu'elle la connaissait déjà ! »

Mais l'histoire de la promenade n'est pas terminée, et voici la suite telle que Mamy me l'a racontée, avec des accents de trouble et de confusion dans sa voix : « Il m'arriva un jour de ne pas me rendre à la promenade, maman ayant préféré me garder auprès d'elle, car je toussais suffisamment pour l'inquiéter. Je ne m'étais pas imaginé que mon absence aurait des conséquences aussi graves. » Ses yeux se sont assombris en me racontant cette histoire, comme si elle revivait ce moment précis, cette sensation d'incompréhension et de peur qui l'envahit à cet instant.

« En effet, l'interrogatoire auquel je fus soumise le surlendemain par la sœur me stupéfia et me jeta dans un trouble profond. » La tension se lisait dans ses gestes, comme si cette scène avait laissé une empreinte indélébile.

– Êtes-vous allée avec des garçons, hier, au lieu de venir en promenade ?

La question me parut si étrange que je n'avais même pas compris ce qu'on me demandait. « Non, ma sœur », répondis-je, confiante, sans comprendre le sous-entendu. Mais la sœur, insistant avec une fermeté qui me glaça, me posa une nouvelle question, le regard scrutateur : « En êtes-vous sûre ? » À sept ans, ignorante de ce qu'elle insinuait, je demeurai muette. Ce silence, si innocent, fut interprété comme un aveu, et la sœur, indignée, poursuivit sur un ton de réprobation glacé : « Puisqu'il en est ainsi, vous irez vous confesser. »

Les mots résonnaient encore dans ma tête comme une sentence, mais c'est le poids de la peur qui me hanta réellement cette nuit-là. « Ma nuit fut agitée, pleine de tourments », me confia Mamy, la voix tremblante, comme si cette angoisse persistait dans ses souvenirs. « Je n'osais pas parler de cette conversation à papa, car je savais que son intervention n'aurait fait qu'aggraver les choses. Je souffrais déjà assez de vivre avec des parents non pratiquants, et je redoutais leur réaction ». Le regard de Mamy s'était perdu dans le vide en me racontant cette scène, comme si elle revivait l'humiliation d'une petite fille qui se sentait seule face à ces rituels. « Chaque soir, avant de m'endormir, je priais pour que mes parents aillent à la messe, comme ceux des autres enfants, mais ce vœu ne fut jamais exaucé. »

Elle se souvint alors de la réplique de son père, empreinte de sa fierté et de son refus absolu : « Moi, je n'ai rien à me faire pardonner, je suis un honnête homme et je ne veux pas aller m'agenouiller à côté des crapules qui sont toujours pendues à la messe ! » Ces mots, emplis de colère et de dédain, l'avaient laissée sans espoir, et elle se sentait encore plus isolée dans son petit monde de croyances et de remords.

Le samedi arriva enfin, et Mamy attendit son tour près du confessionnal, le cœur battant, ses mains moites. « Ensuite, agenouillée dans le petit cagibi noir, je tremblais, appréhendant ce qui allait se passer », confia-t-elle. « Avez-vous eu des pensées et des gestes impurs ? », me demanda le prêtre d'un ton grave. Les mots résonnaient en elle comme un coup de tonnerre, mais elle ne comprenait pas bien leur signification. « Ignorant le sens de ces mots, et craignant de me tromper, je répondis simplement : Oui, mon père. » Il fit une pause avant de rajouter, d'un ton plus doux : « Toute seule ou avec d'autres ? » Le prêtre insista, mais elle demeura silencieuse, perdue dans son propre malaise.

« Bon, vous allez dire cinq Notre Père et cinq Je vous salue Marie pour votre pénitence », ordonna le prêtre. Mamy se sentit soudainement soulagée. « Heureuse de m'en tirer à si bon compte, je m'agenouillai sur le banc pour exécuter la sentence », dit-elle, un sourire amer se dessinant sur ses lèvres. La pénitence, bien que simple, semblait être une épreuve à la fois futile et démesurée pour une fillette de sept ans.

« Cette histoire me paraît tellement absurde que je suis révolté pauvre Mamy ! »

Plus tard, en grandissant, Mamy prit pleinement conscience du ridicule de cette situation, du poids de la culpabilité imposée à une enfant pour des pensées qu'elle ne comprenait pas.

« J'ai eu de la chance de ne pas fréquenter une telle école ». En effet, ces expériences avaient laissé en ma grand-mère une cicatrice invisible, causée par cette éducation basée sur la peur de la faute. Elle avait retenu que les garçons étaient une source de péchés mortels, qu'il fallait les éviter à tout prix. « Je changeais de trottoir pour ne pas en croiser un dans la rue », me confia-t-elle avec un léger rire. « On m'avait dit que les plus redoutables fréquentaient l'école laïque… »

Elle haussait les épaules, comme si tout cela appartenait à un autre temps, un temps révolu, mais toujours si présent dans son esprit. L'écho de cette éducation si stricte, de ces règles de conduite imposées, persistait, comme un héritage étrange que Mamy avait porté bien des années avant d'en prendre conscience.

Chapitre 12
Le cinéma

Mamy a gardé le souvenir précieux de quelques instants de bonheur partagés avec sa mère.

« Dès les premiers beaux jours, lorsque le soleil réchauffait enfin la terre engourdie par l'hiver, maman et moi partions à la cueillette des fleurs des champs. Elle me tenait la main fermement sur le bord de la route, veillant à chacun de mes pas, tandis que nous avancions vers les prés en direction de l'Hôpital Bellegarde. Là, dans un pré qui n'existe plus, nous faisions une moisson éclatante de narcisses, de jonquilles et de marguerites. Nous savions exactement où trouver les violettes, tapies sous les haies de buissons, trahies par leur senteur exquise. Au retour, fières de notre butin floral, nous offrions un bouquet à nos voisins, partageant ainsi un peu de notre bonheur simple et éphémère. Hélas ! Depuis longtemps déjà, les prés ne fleurissent plus comme autrefois, mais ces promenades restent gravées en moi. C'étaient des moments précieux, où j'avais le privilège rare d'avoir ma maman rien que pour moi. »

Mais tous les souvenirs d'enfance n'avaient pas la même saveur…

« Maman m'emmenait aussi régulièrement chez le dentiste, Monsieur Théron, un homme austère qui venait de Naucelle une fois par mois, le jour de la foire. Son cabinet, situé sur la place des Anciens Combattants, était pris d'assaut par une file d'attente interminable. À midi, pour éviter que les patients ne piétinent trop longtemps devant sa porte, il distribuait des numéros afin que nous puissions revenir l'après-midi. Mais ce répit n'adoucissait en rien l'épreuve qui m'attendait. Sa roulette, lentement actionnée à l'intérieur de la dent, émettait un grincement sinistre en amplifiant la douleur. Chaque séance était un calvaire redouté, un supplice auquel aucun enfant ne pouvait échapper. Aujourd'hui, certains s'étonnent du coût des soins dentaires, mes souvenirs suffisent à leur rappeler que les progrès de la médecine ont un prix. Qui se souvient encore des instruments rudimentaires d'autrefois, où chaque intervention ressemblait à une épreuve de force ? »

Malgré ces passages redoutés, l'enfance de Mamy fut bercée par d'autres plaisirs plus enjoués.

« J'étais plus éveillée que la plupart des fillettes de mon âge, non seulement parce que j'avais eu la chance de voyager, mais aussi grâce à un privilège rare : j'allais au cinéma chaque semaine. Papa, projectionniste passionné, recevait chaque samedi après-midi un documentaire et un long métrage, livrés par le car "Le Dourdou" en provenance de Saint-Affrique. L'annonce du film était un événement à part entière. C'était l'inimitable Monsieur Laroudie, surnommé "Kiki" – tout comme son chien – qui s'en chargeait. Il habitait sur la place dite des "canons", où deux pièces d'artillerie datant de la guerre de 14-18 encadraient fièrement le monument aux morts. Avec son tambour, il parcourait les ruelles du bourg, attirant l'attention par ses roulements sonores avant de déclamer d'une voix solennelle :

– Samedi et dimanche, vous pourrez voir au cinéma Phocéac... *"Viviane et sa romance"*... ou bien *"La valse de l'Empereur"* !

Les habitués du village, déjà amusés, échangeaient des regards entendus, car chacun savait que le titre réel du film n'avait souvent qu'un lointain rapport avec l'annonce de Kiki. En réalité, il s'agissait de *"Viviane Romance"* et de *"La valse de l'Empereur"*. Mais le mal était fait ! Une fois dans la salle obscure, tout le monde attendait avec impatience cette fameuse valise, qui n'apparaissait jamais ! Mon père, pourtant soigneusement appliqué à inscrire les titres exacts sur un papier, ne pouvait rien contre l'imagination débordante et les maladresses légendaires de notre cher Kiki. Ses erreurs devenaient de véritables institutions locales, déclenchant l'hilarité générale avant même que le film ne commence. »

Chaque semaine, une cinquantaine de personnes se déplaçaient pour se retrouver devant le grand écran, impatientes de découvrir les images animées qui allaient les transporter dans un autre monde. Au début, les séances avaient lieu dans la salle de café de l'Hôtel Galzin, tout près de l'église, un lieu chargé de convivialité où les spectateurs s'entassaient entre les tables et les chaises en bois. Plus tard, le cinéma trouva refuge dans une salle plus grande, spécialement aménagée sur la place du Vatican, pouvant accueillir une centaine de personnes. Puis, les projections se déroulèrent dans un bâtiment au premier étage, surplombant la petite rue qui longe « l'Embuscade ».

Parmi les films projetés, « *La cage aux rossignols* », repris des années plus tard sous le titre « Les choristes », marqua un tournant. Ce soir-là, la salle était bondée au point que certains spectateurs, refusant de rebrousser chemin, s'installèrent à même le sol dans l'allée centrale, absorbés par le récit bouleversant qui se déployait sous leurs yeux. Le silence religieux qui régnait, seulement troublé par le crépitement du projecteur, témoignait de l'émotion collective.

Je me souviens encore de quelques titres, gravés dans ma mémoire comme des instantanés d'un temps révolu : *Les Croix de bois, L'Assassin habite au 21, Carnet de bal, L'Éternel Retour...* Chaque film était un voyage, une immersion dans un univers fascinant peuplé d'ombres et de lumières. J'admirais Madeleine Sologne avec ses cheveux blonds, la pâleur de son visage, ses joues creuses aux côtés de Jean Marais dans « l'Éternel retour ».

J'étais autorisée par mes parents à assister à la séance du samedi soir seulement, un privilège qui me comblait, d'autant que le lendemain matin, je pouvais profiter d'une grasse matinée bien méritée. Maman, en gardienne attentive de l'ordre, tenait la caisse, surveillait les allées et venues et rappelait aux fumeurs de s'abstenir : la fumée de leurs cigarettes avait le don de noyer l'écran dans un voile opaque, perturbant la projection et irritant les spectateurs.

Mon rôle, bien que modeste, me procurait une immense fierté. C'était moi qui changeais les 78 tours sur le tourne-disque à ressort, qu'il fallait remonter à intervalles réguliers sous peine de voir la musique ralentir et se transformer en une mélodie chevrotante. J'avais aussi l'insigne honneur de rembobiner les films à la fin des séances. Une tâche délicate : la pellicule 35 mm s'enroulait sur d'énormes bobines, et il fallait veiller à ne pas provoquer d'accrocs sous peine de déclencher la colère paternelle.

Durant une dizaine d'années, des centaines de films défilèrent sous mes yeux émerveillés. J'appris à reconnaître tous les acteurs de l'époque, comme s'ils faisaient partie de ma propre famille : Fernand Ledoux, Michel Simon, Jean Tissier, Louis Jouvet, Fernandel, Danièle Darrieux, Jean Gabin, Michèle Morgan, Jean Marais, Madeleine Sologne, Françoise Rosay... Leurs visages, leurs voix, leurs intonations me devinrent aussi familiers que ceux des habitants du village.

Entre cinq et dix ans, je vécus sur grand écran toutes les émotions du monde adulte : les espoirs fous, les trahisons sournoises, les passions déchirantes, les instants de grâce et les drames irréparables. J'en avais ri, j'en avais pleuré. Et quand un passage me semblait mystérieux ou trop complexe, je me tournais vers mon père, avide d'explications. Mais il me répondait invariablement avec un sourire amusé :

– Quand tu seras plus grande, tu comprendras.

Cette phrase résonna en moi bien des années après. En dehors de la salle de projection, je vivais comme dans un film en perpétuelle construction. Chaque moment du quotidien me semblait un scénario en devenir, chaque dialogue, une réplique à peaufiner. J'étudiais mentalement les expressions, soignais mon attitude, jouais mon rôle avec la conviction d'une actrice en pleine répétition.

Devenue adulte, il m'est souvent arrivé de me poser cette question troublante : suis-je en train de vivre la réalité ou bien ai-je été emportée dans le tournage d'un film dont je n'aurais pas encore lu le script ?

Un jour, papa avait reçu le film « Tarzan s'évade », avec Johnny Weissmuller. Persuadé qu'il s'agissait d'un divertissement tout indiqué pour les enfants, il eut l'idée de le projeter dans la salle du collège Saint-Louis. Par courtoisie, il soumit sa proposition à l'abbé Migno, qui répondit sans détour :

– Non, pas question, ce ne serait pas convenable. Tarzan est trop dévêtu.

Outré par cette objection qu'il jugeait ridicule, papa répliqua avec fougue :

– Il ne vous faut que des films de curé !

L'abbé ne se laissa pas démonter et prit la peine d'écrire une longue lettre, que j'ai conservée précieusement. Il y développait une réflexion bien plus profonde sur le rôle du cinéma dans la société :

« Il n'y a pas de cinéma de curés. Il y a le cinéma tout court. C'est un instrument qui peut servir à faire du bon ou du mauvais travail. Il peut être un moyen de gagner de l'argent pour les uns, ou un moyen de moraliser ou de démoraliser pour les autres. C'est la raison pour laquelle le ministère de l'Éducation nationale d'un côté, puis les associations des Pères de famille de l'autre, se sont préoccupés de cette question.

Jamais en France il n'y a eu tant de divorces, d'unions irrégulières, de filles-mères, d'enfants naturels abandonnés à l'assistance publique. Jamais tant d'enfants devant les tribunaux et dans les maisons de correction qu'à cette époque. C'est le fruit d'une éducation sans morale donnée un peu partout, et le cinéma en est une des premières causes…

Cher ami, vous avez une belle mission à remplir, celle de contribuer, dans la mesure du possible, au relèvement de notre cher pays, pour une formation populaire d'éducation morale qui permettra à la famille française de revivre alors qu'elle va à sa décomposition, au détriment de notre patrie.

Tout à vous, en toute amitié. »

Malgré son respect pour l'abbé, papa ne partageait pas cette vision rigide et moralisatrice du cinéma. Toutefois, lassé des contraintes, des querelles et du maigre bénéfice de son activité, il finit par ranger ses bobines. Le projecteur s'éteignit définitivement. Comme un signe du destin, plus aucune troupe de théâtre ne vint se produire au collège Saint-Louis pour le concurrencer après cela.

Parmi mes souvenirs de cette époque, un voyage vers Toulouse occupe une place particulière. Papa, passionné de cinéma, tenait absolument à voir l'un des premiers films en Technicolor, une révolution qui marquait la fin du noir et blanc. Il s'agissait de « Pour qui sonne le glas », projeté dans la majestueuse salle du Gaumont Palace à Toulouse. Pour rien au monde il n'aurait manqué cet événement.

Nous avons d'abord pris le car jusqu'à Tanus, puis la micheline pour rejoindre Toulouse. Après la séance, nous avons dormi dans un hôtel à proximité du cinéma, encore imprégnés de la magie du film. Le lendemain, nous avons arpenté les ruelles de la ville rose, admirant les façades ocre et les places animées. J'étais émerveillée par cette escapade qui m'éloignait du quotidien.

Sur le chemin du retour, un événement tragique vint assombrir ce souvenir.

Dans le car, le jeune Marcillac, chargé de faire la caisse, s'était adossé à la double porte battante située au milieu du véhicule. Distrait, il comptait sa recette, les doigts plongés dans sa sacoche, sans même s'agripper à la barre d'appui. Papa, observateur et inquiet, ne cessait de répéter :

– Quelle imprudence ! Si la porte s'ouvre, il va tomber.

Hélas, ses craintes ne tardèrent pas à se concrétiser. Dans un virage, le car tangua brusquement, projetant le jeune homme contre la porte qui céda sous son poids. En un éclair, il disparut dans la nuit.

Un cri collectif s'éleva dans l'habitacle. Le chauffeur stoppa le véhicule dans un crissement de pneus. Tous les passagers descendirent précipitamment, armés d'une lampe de poche, scrutant l'obscurité avec angoisse.

On finit par le retrouver, étendu sur l'herbe du talus, son corps inerte reposant à plusieurs mètres du car. On tenta de le ranimer, en vain. Avec une infinie tristesse, il fut allongé sur la banquette arrière.

Ce fut un retour lugubre, où chacun, bouleversé, murmurait des prières ou gardait un silence pesant.

Depuis ce jour, je ne suis jamais remontée dans un car sans penser à cet accident tragique. L'image du jeune Marcillac, emporté par l'imprudence et le destin, hante encore ma mémoire.

Chapitre 13
L'oncle Pierre

Mamy a été profondément influencée dans son enfance par son oncle Pierre, qui lui a transmis bien plus qu'il ne l'imaginait. Pierre, de onze ans plus jeune que Robert, aurait presque pu être son grand frère.

En 1946, Papa le fit venir à Réquista. Il n'avait pas encore dix-huit ans et son existence jusqu'alors n'avait été qu'une suite d'épreuves. Orphelin de mère à cinq ans, il fut recueilli par une tante dans une ferme isolée des Vosges, à Longeroie. Chaque jour, il traversait seul la forêt pour rejoindre l'école de Vagney, suivant le même chemin que ses frères quelques années auparavant. Mais lui n'avait personne pour le rassurer dans l'obscurité naissante, lorsque les cris lugubres des oiseaux nocturnes retentissaient.

De 1935 à 1941, il avait parcouru près de 15 000 kilomètres à travers bois, bravant le froid et la peur, pour se rendre à l'école, au catéchisme le jeudi, et à la messe le dimanche. Puis, en 1941, sur les conseils de son frère Maurice, militaire, il tenta de rejoindre sa belle-sœur réfugiée dans l'Aube avec sa fille Bernadette et ses parents. La Kommandantur lui délivra une autorisation de passage, mais à une condition : s'il quittait les Vosges, il ne pourrait plus y revenir. C'était à prendre ou à laisser.

Lorsqu'il arriva dans l'Aube, il apprit avec stupeur que la famille de sa belle-sœur était retournée en Alsace et qu'elle-même avait été hospitalisée. Seul et désemparé, il erra sur le quai d'une gare inconnue, une valise à la main, incapable de savoir où aller.

Un paysan l'observait depuis un moment.

– Bonjour, jeune homme, tu attends quelqu'un ?

Pierre, les yeux embués de larmes, lui répondit d'une voix tremblante :

– La personne qui devait venir me chercher est hospitalisée…

– Si tu veux, viens passer la nuit chez moi. On discutera demain.

Pierre n'avait pas le choix. Il accepta cette main tendue comme on s'accroche à une bouée en pleine tempête.

Le paysan, après un clin d'œil à son épouse, lui montra sa chambre : un grenier où trônait un vieux lit en fer rouillé, à moitié bancal. Une lucarne sans carreaux laissait entrer le froid de la nuit, malgré un sac de pommes de terre suspendu en guise de rideau.

– Je t'offre le gîte et le couvert en échange de ton travail. C'est à prendre ou à laisser.

Pierre n'eut d'autre choix que d'acquiescer, la gorge nouée. Il venait de comprendre qu'il était tombé dans un piège.

Le fermier s'était offert une main-d'œuvre gratuite. Il le soumit aux tâches les plus rudes, le faisant porter des sacs de cinquante kilos de blé à la minoterie, travailler aux champs du matin au soir, sans un instant de répit. Son seul repas se résumait à un morceau de pain tous les trois jours. Pierre, épuisé et affamé, songea plusieurs fois à fuir. Mais le fermier l'effrayait en affirmant que s'il quittait la ferme, il serait enrôlé de force pour le STO. Selon lui, mieux valait rester dans l'agriculture, seul moyen d'échapper au travail obligatoire en Allemagne.

Les jours devinrent des mois, les mois des années. Deux ans passèrent ainsi. Puis, à la Libération, mon père parvint à retrouver sa trace et lui proposa de venir le rejoindre à Réquista. Cette fois, Pierre n'hésita pas. Il prépara sa valise et s'enfuit à l'aube, sans prévenir personne, soulagé de quitter enfin cet enfer.

J'aurais aimé tisser des liens plus forts avec lui, mais Pierre était timide et n'osait pas m'aborder. J'essayais parfois d'attirer son attention, sans grand succès. Pourtant, c'est lui qui, sans le savoir, me transmit le goût des collections, une passion qui ne m'a jamais quittée.

Quand maman montait dans sa chambre pour faire le ménage, je ne manquais jamais de l'accompagner. J'adorais m'attarder devant ses étagères, fascinée par son grand dictionnaire relié, dont les pages semblaient receler mille trésors. Je le convoitais tant qu'il me l'offrit plusieurs années plus tard, lorsqu'il quitta Réquista.

Pierre avait une âme de collectionneur. Il rassemblait avec patience timbres et minéraux, et, par admiration pour lui, je voulus l'imiter. Mais ce qui me captivait encore davantage, c'était ses efforts pour apprendre l'anglais et l'allemand, seul, à l'aide de cours par correspondance. Il répétait inlassablement des phrases, articulant avec soin, traquant la moindre faute de prononciation. Dans cet univers qui ne laissait guère de place aux études, il était un intellectuel en solitaire.

Le patron de mon père, conscient de sa valeur, l'avait embauché et ne pouvait plus se passer de lui. Pierre connaissait sur le bout des doigts chaque article de la quincaillerie, jusqu'aux moindres vis et boulons. À midi, il partageait le repas de la famille du patron, et son logement gratuit expliquait en partie son maigre salaire.

Les copines de Mamy

Mamy m'a aussi parlé de ses premières amies, notamment d'Annie, la fille de l'instituteur.

Comme sa mère travaillait au loin, son père l'élevait seul et la confiait souvent à maman, me racontait-elle. Nous jouions ensemble sous la cour ombragée de glycines, dans un petit monde à nous. Papa m'avait fabriqué un buffet, une table et un lit de poupée, et Annie apportait son petit piano. Nous jouions à la dînette pendant des heures.

Annie portait toujours un béret, posé de travers sur sa tête brune. Mais ce qui me frappait le plus, c'était la peur sourde qu'elle semblait éprouver à l'approche de son père. Lorsqu'il venait la chercher, il posait la main dans son dos, non pas pour une étreinte, mais pour vérifier si elle transpirait. Au moindre signe d'humidité, il lui administrait une gifle, redoutant qu'elle ne tombe malade. « Tu as couru, tu transpires ! » Il voulait la protéger à sa manière, mais à quel prix...

À cette époque, on ne faisait pas appel au médecin à la moindre fièvre. Le déranger, c'était pour une vraie urgence. Chaque famille avait ses propres remèdes, hérités des générations précédentes, ces fameux « remèdes de bonne femme » : tisanes bien corsées, lavements redoutés, ventouses alignées sur le dos, cataplasmes brûlants.

Je garde en mémoire l'odeur âcre et pénétrante de la farine de moutarde ou de lin que maman faisait cuire dans une petite casserole. Elle remuait la pâte jusqu'à ce qu'elle prenne une consistance épaisse, puis l'enveloppait dans un torchon avant de me l'appliquer sur la poitrine, encore brûlant, lorsque la toux m'assaillait. Papa, lui, s'occupait des ventouses. Il les plaçait soigneusement sur le dos de maman lorsque ses douleurs devenaient trop vives. Et puis, il y avait l'inévitable huile de foie de morue, censée fortifier les os. Quelle torture que d'en avaler une cuillerée ! L'amertume s'accrochait au palais et il fallait du courage pour ne pas faire la grimace.

Les repas, eux aussi, obéissaient à certaines règles. Lorsque mon appétit se faisait capricieux, on usait de persuasion affective :

– Une cuillerée pour papa... Une cuillerée pour maman...

Comment résister sans risquer d'être accusée de sans cœur ?

Parmi mes amies d'enfance, ma préférée était Monique, la fille du docteur. Dans leur grande maison près de l'église, c'était une joyeuse effervescence : quatre filles, et chacune avait sa copine attitrée. Nous passions des heures à jouer au Monopoly, jusqu'au moment où son père, après avoir vu son dernier patient, venait nous rejoindre.

C'était encore l'époque des médecins de famille, de ces hommes dévoués qui parcouraient des kilomètres sans se soucier du temps ou de la distance. Il nous emmenait parfois en tournée dans sa « Traction », Monique et moi, et nous déposait à l'orée d'un petit bois pendant qu'il entrait dans une ferme. Il en revenait souvent avec un cadeau, une miche de pain blanc, au parfum alléchant, un contraste saisissant avec le pain gris et rustique qui composait nos repas quotidiens. Il en tranchait un généreux morceau et me le tendait en souriant.

Dans leur grand jardin, un portique avec balançoire, trapèze et anneaux était le terrain de jeu favori de Monique. Agile et intrépide, elle s'entraînait avec une détermination qui ne la quittait jamais. Elle rêvait de devenir professeur de gymnastique et, bien des années plus tard, elle y est parvenue.

Puis, le temps a filé, et nous avons déménagé sur la place du Vatican. Là, Renée est devenue ma seule confidente. Une nouvelle amitié, une autre page de mon enfance…

J'aimais passionnément les animaux. Mon chat, un adorable matou gris tigré que nous avions recueilli alors qu'il errait dans les ruelles, s'appelait Mickey. Il s'était vite habitué à notre maison et passait de longues heures à se prélasser sur le rebord de la fenêtre, les yeux mi-clos, savourant la chaleur du soleil.

Tout près de chez nous, le patron de mon père, un chasseur invétéré, avait fait construire un chenil où résonnaient les aboiements d'une meute de chiens de chasse. Je me souviens encore de leurs noms, comme une ritournelle d'enfance : Hurry, Faust, Black, Olga, Finaud… Leurs voix s'élevaient à l'unisson dès que les cloches de l'église sonnaient, comme si elles déclenchaient un concert improvisé. Quand je poussais la porte du chenil pour les libérer, c'était une déferlante de joie brute : la meute s'élançait avec fracas, bousculant tout sur son passage, traversant le magasin comme une bourrasque incontrôlable.

Parmi mes tâches, j'avais une mission peu ragoûtante : traquer les tiques dans le pelage des chiens. Armée d'une pince et d'un regard acéré, je m'appliquais à les dénicher une à une, et le patron me gratifiait d'une pièce pour chaque parasite que je lui rapportais.

Un jour, un drame survint. Faustou, mon préféré, un magnifique chien à la robe fauve et aux yeux si expressifs, s'était pris une patte arrière dans un piège lors d'une partie de chasse. L'os brisé, la chair meurtrie… Il fallait l'amputer. Le vétérinaire arriva avec sa trousse et ses instruments. On allongea le pauvre chien sur un établi, et mon père dut le maintenir fermement pendant l'opération qui se fit à vif, sans la moindre anesthésie. Le bruit de la scie mordant l'os me glaça le sang. Faustou hurla de douleur, un cri humain, déchirant. Mon père, blême, vacilla, prêt à tourner de l'œil.

« Ah ! Si Brigitte Bardot avait vu ça ! » murmurai-je d'une voix étranglée. »

Après l'opération, le vétérinaire entra chez nous et remarqua mon livre préféré, *« Le général Dourakine »* de la Comtesse de Ségur.

La couverture était si usée qu'elle s'effilochait par endroits. « Donne-le-moi, je te le rapporterai », me dit-il. Quelques jours plus tard, il me revint, rafistolé avec un solide morceau de sparadrap. Le livre était sauvé, et avec lui, les aventures qu'il contenait.

Les retours de chasse du patron étaient marqués d'une étrange coutume qui me dégoûtait autant qu'elle me fascinait. Lorsqu'il rapportait une bécasse, il la pendait par les pattes, sans même la plumer, et attendait qu'elle se décompose. Il surveillait la progression de la décomposition avec une patience macabre. Quand la chair atteignait ce point où elle exhalait une odeur de fermentation, lorsque la putréfaction suintait par le bec de l'oiseau, alors il décrétait qu'elle était prête à être cuisinée. Mon père détournait les yeux, écœuré.

À cette époque, nous n'avions pas de réfrigérateur. Le garde-manger faisait office de conservateur : un simple placard aux parois de fin grillage, tendu pour empêcher les mouches d'entrer. À travers le grillage, on apercevait les aliments garantis des caprices du temps, heureusement le réfrigérateur fit bientôt son apparition.

Chapitre 14
Déménagement

Mamy, qui a une mémoire d'éléphant, se souvient des moindres détails de son enfance, comme si c'était hier.

– J'avais 11 ans lorsque papa s'installa à son compte. Ce fut un grand bouleversement pour nous, car nous avons dû quitter le quartier de l'église pour emménager sur la place du Vatican. Nous louions une maison non loin de la boulangerie. Cette place, que tout le monde appelait « la placette », débordait de vie et d'animation. On y trouvait une multitude de commerces : une quincaillerie où s'entassaient mille et un objets, une boulangerie qui exhalait chaque matin un parfum irrésistible de pain chaud, une pâtisserie où les vitrines regorgeaient de merveilles sucrées, un marchand de légumes aux étals colorés et, un marchand de charbon noirci jusqu'aux coudes par son travail, plus tard, une coiffeuse.

Mais la placette, ce n'était pas seulement ses boutiques, c'étaient aussi ses figures incontournables. Il y avait Angèle, l'épouse du facteur Rayou, qui passait son temps à balayer devant sa porte en surveillant les allées et venues du quartier. Sa langue allait aussi vite que son balai, et elle ne manquait jamais de commenter ce qui se passait autour d'elle. Et puis, il y avait la Landoune, une vieille femme revêche qui parquait ses quatre ou cinq brebis au rez-de-chaussée de son habitation. L'odeur âcre du troupeau et l'essaim de mouches qui tournaient autour provoquaient l'agacement des voisins, mais elle faisait mine de ne rien entendre.

Le déménagement s'est fait en un clin d'œil. Lorsque je suis rentrée de l'école, l'après-midi touchait à sa fin, et tout ce que je voulais, c'était prendre mon goûter comme d'habitude. Mais en franchissant le seuil de notre ancienne maison, j'ai eu un choc : tout était vide. Mes parents n'étaient plus là. C'est le patron qui m'a annoncé la nouvelle, d'un ton neutre, comme si c'était une évidence :

– Ils sont partis… avec le chat.

J'ai mis du temps à comprendre. C'était un étrange sentiment que de réaliser que, d'un instant à l'autre, toute ma vie venait de basculer vers un autre endroit.

Notre nouvelle maison était plus éloignée de l'école. Je devais désormais emprunter un autre trajet, une rue parallèle à la rue principale. C'est là que, à plusieurs reprises, je m'étais fait « assuquer ». Deux filles, tapies dans l'ombre, surgissaient brusquement pour me tabasser sans raison. La peur me nouait l'estomac chaque fois que je devais passer par là.

Un jour, j'en ai eu assez. J'ai décidé d'en parler à mon père. Je connaissais les coupables, et lui, sans hésiter, est allé trouver la mère de l'une d'elles. Je me souviens encore de la fermeté de sa voix lorsqu'il lui a dit de mieux surveiller sa fille. Ce jour-là, j'ai su que je pouvais toujours compter sur lui.

Mais heureusement, la vie sur la placette avait aussi ses joies. C'était un véritable terrain de jeu, un espace vaste et libre où nous, les enfants, pouvions courir, rire et nous amuser sans craindre les voitures, car il n'y en avait pas à l'époque. Lors des longues soirées d'été, nous jouions dehors jusqu'à 23 heures, insouciants, tandis que nos parents discutaient tranquillement, assis sur les bancs devant leur porte.

Il faisait souvent trop chaud à l'intérieur des maisons, alors les adultes préféraient rester dehors, profitant de la douceur nocturne. Certaines tricotaient sous la lumière vacillante des lampadaires, tout en gardant un œil sur nous. La vie de quartier était rythmée par ces petits rituels : les conversations qui s'animaient sur les nouvelles du jour, les rires qui fusaient, les amitiés qui se tissaient au fil des soirs passés ensemble.

Mais tout cela a fini par changer. Avec l'arrivée de la télévision, les maisons se sont refermées sur elles-mêmes. Les fenêtres se sont illuminées d'une lueur bleutée, et les bancs ont peu à peu disparu des trottoirs. La placette, autrefois bruyante et animée, est devenue plus silencieuse. Chacun est resté chez soi, captivé par l'écran.

« Cela devait être sympa… »

Une pointe de nostalgie s'attarde dans ma voix. Mamy hoche la tête, son regard perdu dans le passé.

– Oui, c'était une autre époque… Une époque où les gens prenaient le temps de se parler.

Chapitre 15
La Simca 5

Mamy m'a raconté qu'un jour son père avait acheté une Simca 5 d'occasion, une petite voiture qui avait jadis appartenu à l'épouse du garagiste, institutrice à Saint-Julien. La voiture était en bon état, robuste, et elle réalisait le rêve le plus cher de son père : acquérir un véhicule pour son travail et pour ses moments de loisir. La minuscule Simca, car c'était vraiment une petite voiture, servait aussi à tracter la remorque qui contenait les gradins qu'il avait minutieusement fabriqués pour photographier les groupes de mariage. Elle était idéale pour le tourisme.

Le coffre, minuscule, était suffisant pour glisser une valise et un sac de voyage, et Mamy, toujours un peu serrée à l'arrière, trouvait sa place malgré tout. Mais ce qui marquait vraiment, c'était ce qu'apporta cette voiture dans leur quotidien. Grâce à elle, ils n'avaient plus à se contenter du vélo ou des longues marches pour aller à la pêche à Lincou. Le trajet, bien plus agréable, leur ouvrait un autre monde de possibilités et surtout la liberté de pouvoir partir, de se rendre au bord du Tarn en quelques minutes, c'était un luxe qu'ils n'avaient pas connu auparavant.

Cette voiture, pourtant si modeste, marqua un tournant. Rares étaient les copines de Mamy dont les parents possédaient un véhicule, ce qui en faisait une petite exception, une sorte de fierté locale. Mais, Mamy, qui était une étrange petite fille, ne ressentait pas la fierté que l'on aurait pu attendre. Bien au contraire, elle en avait honte. Elle se sentait presque gênée par cette acquisition, comme si elle ne correspondait pas à ce qu'on attendait d'elle.

Un dimanche après-midi, alors que la voiture croisait le rang des filles en promenade sur la route de Saint-Jean Delnous, Mamy se tapit dans le fond de la voiture, se repliant presque sur elle-même, ne voulant surtout pas être vue. Son père n'en revenait pas, à la fois amusé et perplexe.

« Alors, je ne te comprends pas, Mamy ! » lui lançais-je, surpris de cette réaction, qui semblait à la fois curieuse et douloureuse.

En changeant d'habitation, sa maman ne pouvait plus utiliser le lavoir mis à sa disposition chez le patron de son mari. Pour le gros linge, elle se rendait à la sortie de Réquista, au « Barry », où se trouvait un lavoir communal. Sous un vaste toit, plusieurs bassins aménagés accueillaient les laveuses. L'eau était amenée par les canalisations qui venaient d'être installées, et le bruit cadencé des battoirs résonnait dans l'espace couvert, rythmé par les conversations des femmes venues là non seulement pour laver, mais aussi pour échanger nouvelles et confidences.

Un autre lavoir, plus petit, se situait près de l'ancienne gendarmerie. Ces lieux de labeur, animés et solidaires, étaient indispensables avant l'arrivée de l'eau courante dans les maisons. Lorsque, enfin, les canalisations amenèrent l'eau directement dans chaque foyer, ce fut un véritable bouleversement. Fini le va-et-vient incessant des femmes, portant de lourds seaux jusqu'à la pompe ! Fini le temps passé les mains rougies par le froid de l'eau, en hiver, ou brûlées par la soude, en été ! Ce progrès marqua la fin d'une époque, où le lavage du linge représentait une tâche harassante et incontournable.

Le jeudi après-midi, Mamy accompagnait parfois sa mère au lavoir. Trop jeune pour rester seule à la maison, elle s'installait dans un coin, observant avec fascination le ballet des femmes s'affairant autour des bassins. Elle aimait écouter leur bavardage, ponctué de rires et de soupirs, et suivre du regard les éclaboussures savonneuses qui tombaient sur le sol.

Pour laver les lainages, les femmes faisaient un tout autre périple. Elles se rendaient au bassin de Ruissec, à deux kilomètres de Réquista, un havre caché au creux d'une vallée verdoyante. Là, agenouillées sur de larges pierres lissées par les ans, elles plongeaient les lourdes couvertures de laine dans l'eau fraîche et les battaient avec force pour en extraire la saleté. Le vent portait jusqu'à elles l'odeur humide de la mousse et des feuilles, tandis que les tissus savonneux laissaient s'écouler une écume blanche qui ondoyait à la surface du bassin. Les vaches, dans le pré voisin, s'approchaient pour contempler les lavandières.

Après de longues heures de travail, les vêtements étaient soigneusement disposés sur les buissons et les branches des arbustes environnants. Les lainages, gonflés d'eau, s'égouttaient lentement, sous la surveillance attentive des femmes qui profitaient de cette pause pour partager un casse-croûte. Puis, lorsque le soleil commençait à descendre à l'horizon, elles rassemblaient leurs ballots de linge désormais propre et sec, et reprenaient le chemin du retour, fatiguées, mais soulagées d'avoir accompli cette tâche essentielle.

« La corvée du linge était redoutable ! » disait souvent Mamy en repensant à ces journées éprouvantes. « À mon avis, le lave-linge fut la plus belle invention pour les femmes ! »

Chapitre 16
Au cours moyen

La scolarité de Mamy se poursuit, et elle quitte sans regret le cours élémentaire. Voilà ce qu'elle m'a raconté :

« À la rentrée 1948, j'ai neuf ans et découvre ma nouvelle maîtresse : sœur Honoré. Elle est de petite taille, le visage encadré par une coiffe blanche qui adoucit encore son expression bienveillante. D'un naturel patient, elle nous enseigne toutes les matières avec rigueur, sans jamais s'écarter du programme officiel par de vains bavardages. Son regard attentif veille sur chacune d'entre nous, et je ressens qu'elle accorde une importance particulière à notre progression.

Je suis assise au premier rang, juste devant son bureau, aux côtés de Monique. Monique est ma voisine de classe et ma meilleure amie. Hélas ! son père, le docteur, est muté dans le Nord Aveyron, et son départ approche. Comme un étrange signe du destin, son déménagement coïncide avec celui de mes propres parents. Je sais que bientôt, elle ne sera plus là, et cette pensée m'attriste un peu.

Un souvenir me revient à propos de sœur Honoré et de sa petite taille. Ce jour-là, nous entrions en rang dans l'église. La sœur nous exhortait à garder une posture digne, les mains jointes et le regard baissé. « Un peu de tenue, les filles », répétait-elle avec autorité, tout en marchant à reculons dans l'allée centrale pour nous surveiller du regard. Mais soudain, sa robe noire virevolta dans un mouvement inattendu : elle venait de basculer en arrière, tombant les jambes en l'air dans une grande caisse où le curé rangeait les missels des paroissiens. Un silence stupéfait s'installa, puis un fou rire irrépressible nous secoua, que nous nous efforcions de réprimer, lèvres pincées et joues rougies d'efforts. Pourtant, l'inquiétude pointait aussi dans nos regards : s'était-elle blessée ? Heureusement, elle se releva en riant, tapotant sa robe pour en chasser la poussière, et poursuivit comme si de rien n'était.

Avec elle, je progresse rapidement. Elle semble satisfaite de mon travail, et je ressens une fierté discrète dans son regard quand elle m'observe. J'ai l'habitude de terminer mes exercices avant les autres. Alors, pour tuer le temps, je me mets à attraper les mouches qui volettent dans la salle de classe. Je les guette du coin de l'œil, puis, d'un geste vif, je les emprisonne dans ma main sans jamais en manquer une seule. Sœur Honoré, postée sur l'estrade, suit mes exploits d'un air amusé.

Un jour, sans m'en rendre compte, j'introduis quelques vers dans une rédaction. Lorsqu'elle me corrige, elle me regarde en souriant et cite une phrase qui me marque :

« Qui fait des vers sans le vouloir est un âne sans le savoir. »

Sur le moment, je reste interdite. Est-ce une moquerie ? Je n'ose pas poser la question, mais je devine à son sourire qu'elle ne cherche pas à me blesser. Elle était si bonne et bienveillante que je ne pouvais imaginer une méchanceté de sa part. Cependant, cette remarque me fit réfléchir. Dès lors, je relus plusieurs fois mes textes avant de les rendre, craignant une nouvelle remarque sur mes élans poétiques involontaires.

Sœur Honoré était si fière de mes progrès qu'un jour, elle soumit l'une de mes rédactions au bulletin trimestriel édité par le collège Saint-Louis. Lorsque je l'appris, je fus submergée de honte. L'idée que tout le monde puisse lire mon texte m'embarrassait terriblement. Bouleversée, je courus retrouver ma mère :

– Je serai la risée du pays, protestai-je, les larmes aux yeux.

Maman répondit avec douceur :

– Mais non. Si la sœur l'a fait publier, c'est qu'il en valait la peine.

Ces mots me réconfortèrent un peu, mais je restais partagée entre la fierté, la crainte d'être jugée et surtout la crainte de sortir de l'ombre, car j'étais d'une timidité excessive. Pourtant, au fond de moi, une petite voix me soufflait que si sœur Honoré avait jugé mon texte digne d'être partagé, c'était peut-être parce qu'elle voyait en moi quelque chose que je ne soupçonnais pas encore...

La préparation à la Confirmation

C'est au cours moyen que nous avons été préparées à recevoir le sacrement de Confirmation. Pour cet événement solennel, le curé lui-même venait nous enseigner le catéchisme, s'efforçant de rendre ses leçons aussi vivantes que possible. Il savait que nous étions peu enclines à poser des questions à voix haute. Pour nous apprivoiser, il eut alors une idée ingénieuse : nous permettre d'écrire nos questions anonymement et de les glisser dans une boîte.

L'initiative me convenait à merveille, car je n'osais pas m'exprimer oralement devant la classe. Elle me donnait surtout l'occasion d'exprimer toute mon espièglerie et mon imagination débordante. Le pauvre curé en fit bien vite les frais... J'étais la seule à avoir osé mettre mes questions dans la boîte.

Le curé tira la première :

– Est-il permis de manger des escargots le vendredi ? Autrement dit, le gastéropode est-il considéré comme de la viande ?

Je le vis froncer les sourcils, avant de se racler la gorge, manifestement pris au dépourvu. Après un instant d'hésitation, il déclara d'un ton prudent :

– Dans l'incertitude, mes enfants, il vaut mieux en manger les autres jours...

La seconde question lançait un sujet plus théologique :

– Puisqu'on parle toujours des clefs du Paradis, cela veut-il dire que ce haut lieu possède plusieurs portes d'entrée ?

Il lut la question en silence, leva les yeux au ciel et passa à l'autre billet sans répondre...

Enfin, la dernière interrogation le fit presque blêmir :

– Puisqu'il faut être baptisé pour entrer dans le royaume des cieux, où sont allés tous ceux qui sont nés avant que le sacrement du baptême soit institué ?

Cette fois, il soupira et secoua la tête. Manifestement, certaines questions restaient mieux sans réponse !

Ce jour-là, il repartit avec la boîte que nous n'avons plus revue.

Puis arriva enfin le grand jour : la cérémonie de la Confirmation. C'était un événement important, et nous étions toutes à la fois impatientes et intimidées. Ce sacrement était administré par l'évêque lui-même, personnage imposant et mystérieux dont nous ne retenions qu'une chose : il portait un gros anneau doré à son doigt et, selon la tradition, devait nous donner une légère tape sur la joue après l'onction du saint chrême.

Mais, pour moi, l'un des souvenirs les plus marquants de cette journée fut la tenue que maman m'avait achetée avec soin. J'étais vêtue de blanc de la tête aux pieds : une robe immaculée, un petit bonnet orné d'un voile léger, l'aumônière délicate pendue à ma ceinture, sans oublier les socquettes et les sandalettes assorties. Tout cela représentait un vrai sacrifice financier pour mes parents, mais maman tenait à ce que je sois parée comme il se devait pour ce moment sacré.

Une voisine, pragmatique, lui avait pourtant soufflé :

– Ne faites pas de dépenses inutiles, demandez à quelqu'un de vous prêter tout cela !

Mais maman s'était redressée avec dignité et avait répliqué :

– Il n'est pas dans nos habitudes d'emprunter.

Cette phrase résonna en moi comme un principe inébranlable de notre famille : nous faisions selon nos moyens, mais toujours avec fierté et indépendance.

L'année suivante vint un autre événement tout aussi important : la communion solennelle. Cette fois, notre marraine de communion était Marinette Goulesque, une figure bienveillante de l'entourage.

Comme j'avais grandi entre-temps, maman dut ruser pour m'habiller convenablement. Plutôt que d'acheter une nouvelle robe, elle défit l'ourlet de celle de ma Confirmation, et, comme par magie, elle m'alla parfaitement de nouveau. Rien ne se perdait, tout se transformait avec astuce et simplicité.

Ce jour-là, en remontant l'allée de l'église, vêtue de cette robe légèrement rallongée, ma couronne de fleurs d'une main, je ressentis une immense fierté. Ce n'était pas seulement une question de foi, mais aussi un passage, un instant de transition où, l'espace d'un jour, je me sentais grandie, tant dans mon cœur que dans les yeux de ma famille.

Nous montions dans le chœur, sur deux files bien ordonnées : une pour les garçons, qui tenaient un cierge allumé dont la flamme vacillait doucement, et une autre pour les filles, chacune portant une couronne de fleurs entre ses mains. Nous avancions lentement, en chantant d'une voix unie et solennelle : *« Prends ma couronne, je te la donne, au ciel n'est-ce pas, tu me la rendras »*. L'émotion était palpable, un mélange de fierté et de trac flottait dans l'air, nous étions recueillies comme de jeunes vierges qui montent à l'autel le jour du mariage. L'encens flottait dans le chœur, mêlé au parfum des buis et des roses que certaines mamans avaient apportés.

À la sortie de la messe, nous nous rendîmes en procession sur la place des Anciens Combattants, autour du monument aux morts. Le soleil, déjà haut dans le ciel, faisait briller le marbre gravé des noms des soldats disparus.

Ce jour-là, je reçus un magnifique missel, et une montre de la part de mon parrain André. Papa, soucieux de marquer les événements importants, avait fait imprimer chez Madame Marty, la libraire, quelques images pieuses avec mon nom et la date de la cérémonie. Nous nous les échangions avec mes amies, les glissant précieusement entre les pages de nos missels, comme des trésors à conserver. J'aimais ces images délicates, où de jeunes anges aux joues roses côtoyaient la Vierge au regard bienveillant. J'en possède encore une belle série, que je feuillette parfois avec attendrissement.

L'éducation donnée par les sœurs ne se limitait pas aux matières scolaires, elle embrassait aussi des savoir-faire indispensables dans la vie de tous les jours. La couture, notamment, occupait une place importante. Chaque élève possédait son cahier de couture, soigneusement rempli de petits échantillons de tissu sur lesquels étaient cousus différents points : point avant, point arrière, point de chaînette, point de chausson, ourlet, boutonnière... Il fallait de la patience et de la précision, sous l'œil attentif de la sœur, qui n'hésitait pas à défaire les coutures trop lâches d'un simple coup d'ongle.

Pour nous exercer, nous devions repriser les chaussettes des internes lors des séances de couture, une tâche ingrate qui nous faisait soupirer. Mais dès les premiers beaux jours, ces séances prenaient une tout autre saveur : elles se déroulaient sous l'imposant marronnier qui ombrageait la cour. Ses larges feuilles formaient une voûte verdoyante sous laquelle nous prenions place en cercle, les doigts occupés à manier fil et aiguille. L'air était empli du bourdonnement des abeilles butinant les fleurs du marronnier et du froissement léger des étoffes que nous travaillions. Pour éviter les bavardages, l'une d'entre nous lisait à haute voix un roman choisi par la sœur. Je me souviens encore de Josette, appliquée, nous faisant découvrir *Oliver Twist*, sa voix ponctuée de silences lorsqu'un passage la touchait particulièrement.

Au fil des mois, nous réalisions divers ouvrages : coussins brodés, napperons aux motifs délicats, porte-serviettes ornés de nos initiales, et même des boîtes fabriquées à partir d'un savant assemblage de cartes postales. Ces créations étaient précieusement conservées pour l'exposition annuelle organisée par les grandes du cours ménager. Le jour venu, la salle de classe de la maternelle se transformait en une galerie où nos travaux étaient présentés avec soin. Le Maire et le curé, invités d'honneur, parcouraient les tables en hochant la tête d'un air approbateur, tandis que les parents, fiers et émus, échangeaient des compliments avec les religieuses. Les sœurs recevaient leurs félicitations avec humilité, mais je voyais bien, à leur sourire discret, qu'elles étaient heureuses du fruit de leur enseignement.

Le jeudi matin était consacré au chant et au dessin, des disciplines où l'expression prenait des formes bien différentes, mais tout aussi exigeantes. La mère supérieure, une Bretonne au port altier, dirigeait la chorale avec une passion qui forçait l'admiration. Son grand plaisir était de nous enseigner le chant grégorien, insistant sur la profondeur et l'harmonie des voix. « Ce chant doit ressembler au grondement de la vague qui déferle sur les rochers et va mourir sur la plage », répétait-elle inlassablement, sa voix vibrante d'émotion. Pour illustrer son propos, elle se dressait sur la pointe des pieds et, de ses deux mains tirant l'extrémité de son voile dans son dos, elle imitait le mouvement de l'eau s'élançant avant de se briser sur les falaises de granit. Ce geste, à force de répétition, nous était devenu familier et fascinait les nouvelles arrivantes qui, la première fois, échangeaient des regards mi-étonnés, mi-amusés.

Le rituel du chant ne se limitait pas à la salle de classe. Avant même d'y entrer, un cérémonial immuable avait lieu dans la cour. Nous nous mettions en file indienne, les mains croisées derrière le dos, alignées le long du mur du bâtiment, sous l'ombre rassurante du grand marronnier. Lorsque la sœur donnait le signal, nous entamions une marche en faisant le tour de la cour en chantant. Ce rituel quotidien nous obligeait à apprendre chaque parole par cœur. Gare à celle qui chantait faux ou, pire encore, qui se contentait d'ouvrir la bouche sans émettre le moindre son en faisant du play-back avant l'heure, ce qui était mon cas.

Les chants que nous apprenions faisaient partie du répertoire de notre école et ont sans doute marqué tous les élèves de Saint-Joseph de ma génération. Nous fredonnions des airs qui résonnent encore en moi aujourd'hui : *Les Pâtres, L'Alpée, Le Petit Chasseur Alpin, La Montée à l'Alpage, Faïdoli, Librement, La Route est Longue, Belle Jeunesse, La Chanson du Bel*

Ouvrage, Chante à la Joie, Gouttelettes de Pluie, Toujours Unis, La Petite Diligence, C'est si Simple d'Aimer, Dodo mon Ange, Les Grands Oiseaux, Les Santons, Le Petit Chaperon Rouge, La Route est Dure, La Vie est Belle, Les Crapauds, Ma Normandie, Ô ma Chère Maison, Les Semailles, Jeunesse, Hardiment, Amis nous Partons, En Avant, et bien sûr, *L'Hymne à la Joie.*

Je me souviens du concours de chant, me disait Mamy d'une voix émue. Nous devions tirer au hasard un morceau de papier sur lequel figurait le nom du chant à interpréter. Quand vint mon tour, debout à ma place, je décidai de rester muette. Je n'aimais pas chanter seule, j'avais peur du jugement des autres. La religieuse me fit tenir debout jusqu'à ce que je cède. Un quart d'heure, une demi-heure, c'était à celle qui céderait la première. Ma copine Renée qui était assise à mes côtés, me tirait par la blouse et murmurait « chante Pierrette, chante. »

Est-ce pour elle que j'ai chanté ? Je ne me souviens plus, mais quand ma voix s'est élevée, un grand soulagement a parcouru la salle de classe.

Nos voix d'enfants s'élevaient aussi dans la chapelle où nous nous rendions le samedi avant la fin des cours. L'une d'entre nous devait lire le « confiteor » en latin. Nous prononcions les paroles de ce texte sans n'y rien comprendre alors qu'il aurait été judicieux de nous en donner la traduction. Nous aurions pu profiter de ce moment pour apprendre le latin !

J'ai encore, précieusement conservé, mon cahier de chants, dont les pages jaunies par le temps portent les traces de mes annotations soigneuses, quelques ratures et parfois même, des petits dessins esquissés en secret durant les répétitions trop longues.

Que dire de mon passage chez sœur Honoré ? De la rentrée 1948 à la rentrée 1950, je fus constamment classée première sur treize élèves, recevant chaque trimestre le tableau d'honneur pour ma conduite et mon travail. Une fierté pour mes parents, mais aussi une responsabilité : il ne fallait pas faillir. Cette religieuse, stricte, mais juste, a marqué mes jeunes années. Son regard n'admettait ni négligence ni mollesse, mais derrière son apparente sévérité se cachait une bienveillance discrète, perceptible dans un sourire ou un encouragement glissé du bout des lèvres.

Bien des années plus tard, le hasard de la vie me permit de la revoir. Ce fut un moment d'émotion intense, un de ces instants où le passé resurgit avec une clarté troublante, ramenant avec lui toute une époque, faite de rigueur, d'apprentissage et de chants qui, aujourd'hui encore, résonnent en moi comme un écho lointain de mon enfance.

Chapitre 17
Les ennuis commencent

« Les souvenirs de Mamy ne concernent pas seulement l'école, mais aussi les événements de la vie quotidienne de sa famille. Voici la suite de son récit ».

En quittant son patron pour s'installer à son compte, mon père avait loué une maison sur la place du Vatican, un endroit qui semblait un peu trop grand pour nous au début. Il était flanqué d'un garage, un espace modeste, mais ô combien pratique pour garer sa Simca 5, qu'il bichonnait comme un précieux bien. Le propriétaire, un ancien marchand de vin aux manières rustres, mais chaleureuses, avait signé un bail d'une durée de trois ans. Aucune clause ne stipulait qu'il ne devait pas exercer de commerce dans ce local composé d'une pièce au rez-de-chaussée, un endroit où le parfum du vin semblait encore imprégné dans les murs. À l'étage, à gauche, la cuisine, et à droite, ma chambre, dont j'étais fière, avec un lit et des étagères en bois que l'oncle Pierre m'avait laissés à son départ, avec son grand dictionnaire.

Au second étage, une deuxième chambre et un grenier où papa avait monté son atelier de réparation des postes radio et autres appareils électriques. J'étais ravie d'avoir enfin ma propre chambre, un rêve de petite fille qui se réalisait, un endroit à moi où je pouvais m'évader dans mes lectures et dans mes pensées. Petite, je rêvais d'avoir une maison avec un escalier comme ma copine Annie. Et me voilà servie. C'était une maison ancienne, pleine de charme, avec des poutres apparentes que maman n'appréciait guère, trouvant les lieux un peu trop sombres à son goût. Mais pour moi, chaque recoin avait son histoire. L'eau courante, un luxe dans ce quartier, montait jusque dans la cuisine, où nous faisions la toilette, car à cette époque, les maisons n'étaient pas encore équipées de salle de bain.

Le rez-de-chaussée était occupé par le magasin, un petit commerce chaleureux, mais aussi par le studio de photographie où papa capturait des instants de vie. La grande fenêtre donnant sur la rue servait de vitrine, offrant une vue sur le monde extérieur que j'observais souvent depuis ma chambre.

Dans le garage, le premier travail de papa fut d'aménager des WC, un luxe presque inconcevable à l'époque, car comme dans la plupart des habitations, il n'y en avait pas. Ce fut un petit événement, l'installation d'un véritable confort que nous avions toujours eu jusque-là. Comment faisaient les voisins sans WC ? Il y avait toujours le seau hygiénique que les femmes qui sortaient à la nuit tombante, allaient vider n'importe où. Quelle époque !

Après leur installation, mes parents décidèrent de faire une pause bien méritée. Ils partirent se ressourcer dans les Vosges, retrouver les paysages familiers, prendre une bouffée d'air frais, cinq ans après leur premier voyage au pays. Un retour aux sources, comme un rituel nécessaire pour eux, loin des travaux incessants du quotidien. Pour moi, ces vacances étaient aussi un moment de répit, pour retrouver mes cousins et ma grand-mère.

La Simca 5 se comporta admirablement. Partis de très bonne heure le matin, les premiers rayons du soleil effleurant à peine l'horizon, nous avons roulé sans encombre, traversant les paysages encore endormis. Le soir, à Saint-Étienne, nous faisons une halte bien méritée chez Nénette, une cousine de maman, qui connaissait les lois de l'hospitalité comme personne. Le lendemain, après une nuit de repos, nous reprenons la route, et le soir suivant, nous arrivons chez ma grand-mère à Sapois, le visage de papa illuminé de fierté. La voiture, témoin de sacrifices de la part de mes parents et de leur détermination, trônait sous les yeux admiratifs de la famille qui pensait que la fortune leur avait souri dans le sud. Comment leur faire comprendre que cette Simca 5 n'était pas le fruit d'un coup de chance, mais surtout celui de leurs privations, de leurs sacrifices, sou par sou, pour réaliser un rêve qu'ils avaient toujours caressé ?

Les visites aux frères, sœurs, oncles, tantes, et cousins, eux aussi impatients de les accueillir, occupèrent leurs journées. Mais, derrière les sourires et les étreintes, il y avait une vérité que personne ne disait.

Un regard furtif, un mot glissé à voix basse, une ombre de jalousie qui, sans qu'ils ne s'en aperçoivent, commençait à poindre. Tous croyaient qu'ils venaient de l'Eldorado, un pays mythique où la richesse coulait à flots. Pour eux, cette voiture symbolisait la réussite et l'accomplissement, d'un rêve qu'ils n'avaient jamais osé nourrir.

La guerre était terminée, et, dans les ateliers d'usine, les ouvriers avaient repris leur travail, sans l'ambition de devenir propriétaires d'une maison ou d'une voiture. Ils étaient logés gratuitement par leur patron dans des logements modestes pourvus d'un jardin pour cultiver des légumes. Il y avait aussi la fameuse cabane dont parle « Cabrel » dans l'une de ses chansons.

La mentalité de ces ouvriers d'usine était restée figée, comme si l'histoire s'était arrêtée pour eux. Robert se rendait bien compte de ce décalage. Lui et sa famille n'étaient plus sur la même longueur d'onde. Il n'y avait plus de lien, plus de communion entre eux. Des barrières invisibles se dressaient, celles de l'ambition, du désir d'améliorer leur situation. Tout ce qui les distinguait les séparait un peu plus chaque jour.

C'est avec un mélange de soulagement et d'amertume qu'ils prirent le chemin du retour, seuls tous les trois, repoussant les frontières invisibles entre eux et leur passé. À leur retour à Réquista, un calme inhabituel régnait autour de leur maison. Mais une surprise de taille les attendait : le portail de leur garage était grand ouvert. Un frisson d'inquiétude parcourut le dos de Robert, et un soupçon s'installa dans son esprit.

Après avoir demandé des explications à son voisin, Robert apprit qu'à l'occasion d'une fête organisée par les habitants du quartier, les organisateurs avaient eu besoin des fûts que le marchand de vin entreposait dans le garage pour monter une scène. Sans vergogne, ils avaient forcé la porte, sans même prendre la peine de la refermer derrière eux et sans en avoir demandé l'autorisation à mon père avant son départ. Quel sans-gêne ! En leur absence, il semblait que tout le monde s'était cru autorisé à entrer, à se servir, et à se comporter comme si la maison était devenue une sorte de terrain public. Robert, les mâchoires serrées, avait exprimé sa colère au voisin, le tailleur du coin :

– Je pourrais porter plainte pour violation de domicile.

C'eût été son droit, en effet, mais la situation n'en resta pas là. Deux jours plus tard, Robert trouva un mot glissé dans sa boîte à lettres :

« Si vous ne faites pas de belles photos, nous porterons plainte. »

Le message était d'une subtilité rare ! Robert n'eut aucun mal à en saisir le sens. C'était un avertissement à peine voilé, du tailleur, une menace. Il comprit immédiatement qu'il n'était pas le bienvenu dans ce quartier, que son statut de locataire, voire de simple habitant, ne valait rien face aux "lois" locales. Ce message sous-entendait clairement : *Vous n'êtes pas chez vous ici, c'est nous qui décidons des règles.*

Cela le frappait de plein fouet : après tous les services rendus, il n'était toujours pas accepté après dix longues années de résidence en ce village. On lui avait souvent dit, avec un sourire ironique et une pointe de mépris :

« Les gens du Nord viennent ici pour nous prendre notre soleil ! »

Et Robert avait vite compris que, dans cette région, le soleil ne brillait pas pour tout le monde de la même façon. C'était un endroit où l'on ne vous accueillait pas forcément à bras ouverts.

Les ennuis s'enchaînèrent alors, comme une succession d'obstacles destinés à le faire plier.

Bien qu'il eût signé un bail de location de trois ans, quelques mois à peine après son installation, le propriétaire mourut subitement, et la maison fut mise en vente. Le nouvel acquéreur, sans crier gare, lui envoya l'huissier pour le mettre dehors, prétextant qu'il n'avait pas l'autorisation d'exercer un commerce dans ce local. Quelle ironie ! À peine installé, voilà qu'il était déjà expulsé, un début de vie de locataire qu'il n'aurait jamais imaginé si difficile.

Sans raison valable, le nouveau propriétaire lui retira l'usage du garage, pourtant clairement mentionné dans le bail de location. Cette décision, aussi brusque qu'injustifiée, privait Robert d'un espace crucial pour son activité et pour le stationnement de sa Simca 5. Complètement désemparé, accablé par les ennuis qui semblaient s'abattre sur lui sans répit, il se sentit impuissant face à cette situation. Dans un élan de désespoir, il décida de faire appel à un avocat, dans l'espoir de faire valoir ses droits. Grâce à cette démarche, il obtint le droit de poursuivre son commerce, mais la guerre des nerfs était loin d'être terminée.

Néanmoins, puisqu'il était désormais privé du garage, il transforma l'espace sous l'escalier en nouveaux WC. Il était décidé à ne pas s'éterniser dans ce local, car il comprenait vite que le nouveau propriétaire était de connivence avec son ancien patron, un partenaire dans cette entreprise de nuisances. Il ne restait plus qu'à chercher une solution pour garer sa voiture ailleurs.

Non loin de là, un lopin de terre était mis en vente, dans un endroit peu accessible à la périphérie du village. Le terrain, situé au bout d'un chemin quasi impraticable, semblait un compromis parfait à ses yeux. Ce chemin, bordé de murettes en pierres disjointes qui délimitaient des prés où paissaient des vaches et des chevaux, avait tout du sentier oublié. À l'entrée, une multitude d'ordures et de gravats encombraient l'accès. Le pire était l'usage du lieu par certaines personnes à la nuit tombée, qui venaient faire leurs besoins dans cet endroit sinistre. Le spectacle était une insulte à la décence. C'était dégoûtant, et Robert n'aurait jamais imaginé qu'il finirait par être attiré par ce terrain. À la fin, il était préférable de marcher sur les murs latéraux plutôt que sur ce chemin immonde, risquant de se rompre une cheville à chaque pas.

Le 4 juin 1952, cependant, mes parents devinrent enfin propriétaires de ce petit bout de terre, soit deux ares quarante centiares. Un événement marquant, même si l'endroit ne semblait guère prometteur. « C'est le terrain le plus cher qui s'est vendu jusqu'à présent », apprit Robert peu après. Il se demanda si ce prix exorbitant n'avait pas été délibérément gonflé pour le décourager d'acquérir cette parcelle, une tentative subtile de l'éloigner de la propriété. Il n'y avait pourtant pas grand-chose à y voir : un jardin abandonné depuis des années par les anciens propriétaires, qui résidaient à Albi, et à l'entrée, des restes de grillage, vestiges d'un ancien poulailler. Personne ne passait par ce chemin, une véritable épreuve de patience et de courage si l'on voulait s'y aventurer.

Dès qu'il fut officiellement propriétaire, le maire, imbu de son autorité et de son sens du pouvoir, se rendit chez Robert pour lui signifier :

– Il faudra démonter ce poulailler, il défigure le paysage.

– Oui, je vois, répondit Robert avec une pointe d'ironie. Ce poulailler défigure en effet les lieux, surtout depuis que j'en suis devenu propriétaire. Mais, n'est-ce pas à la municipalité de nettoyer ce chemin pour me permettre d'accéder à mon terrain ? Parce qu'il faut le voir pour le croire : les gens viennent ici faire leurs besoins, soir et matin, c'est une honte. Quel manque d'hygiène ! Ce n'est pas normal !

Peu de temps après, Robert décida d'aménager l'entrée de sa propriété. Avec des planches, il construisit une petite cabane rustique qui ferait office de garage. Il se sentait presque soulagé qu'on ne lui ait pas demandé de permis de construire, car l'édifice, simple et modeste, n'avait pas besoin d'être grand. Après tout, sa voiture minuscule, une Simca 5, n'avait besoin que de peu de place. Une éolienne, installée sur le toit de la cabane, alimentait une batterie pour l'éclairage. Ce petit coin de terre leur offrait désormais un refuge où ils étaient les seuls maîtres, loin des contrariétés et des contraintes du monde extérieur. Enfin, un lieu qui leur appartenait vraiment, sans aucune menace d'expulsion.

Maman, quant à elle, s'adonnait à la culture du potager, sans avoir jamais appris les secrets du jardinage. Pourtant, avec une patience presque méthodique, elle réussissait à faire naître des rangées parfaites de petits pois et de haricots verts, toutes alignées au cordeau. Chaque plante semblait pousser avec une sorte de fierté, sous les mains expertes d'une femme attentive et méticuleuse. Elle récoltait les légumes, en mettait une partie en conserve pour l'hiver, et s'occupait également de l'élevage des lapins. Rien n'échappait à son regard vigilant. Le terrain, étant situé sur une nappe phréatique, offrait un accès facile à l'eau. Mon père, avec sa détermination habituelle, entreprit de creuser un puits de plus de trois mètres de profondeur. Il creusa, creusa, les bras enfoncés dans la terre, jusqu'à ce que ses mains deviennent rugueuses et que la sueur perle sur son front. Au fur et à mesure, il enfilait des buses dans le trou, donnant peu à peu forme à cette profonde excavation. Maman s'inquiétait chaque fois qu'il disparaissait, sa tête n'étant plus visible, mais il n'abandonnait jamais. Un système ingénieux de poulie, bricolé à partir de matériaux de récup', lui permettait de remonter les seaux de terre avec une certaine aisance. Quand il atteignit la nappe d'eau, il put enfin apprécier la richesse de cette ressource naturelle, qui lui offrit une petite réserve pour l'arrosage de ses plantations. Cette source précieuse était un véritable cadeau du ciel, un symbole de leur autonomie naissante.

L'acquisition de ce terrain donna lieu à bien d'autres projets. Un motoculteur, construit de ses propres mains, vint remplacer la houe pour retourner la terre et l'ameublir, offrant à Robert un outil de travail indispensable. Plus tard, ce fut une tondeuse à gazon qui vint s'ajouter à la collection d'outils pour maintenir l'ordre dans leur petit coin de paradis.

Maman, quand elle n'était pas dans son jardin, assurait la gestion du magasin : elle recevait les clients, passait les commandes, et tenait la comptabilité avec une rigueur qui ferait pâlir n'importe quel comptable. C'était une femme infatigable, capable de jongler entre toutes ses tâches. Elle avait su se reconvertir, passant du tissage au commerce, et avait montré une incroyable faculté d'adaptation, sans jamais se laisser abattre par les obstacles.

Leur vie dans ce logement fut relativement courte. Avant même la fin du bail, ils avaient trouvé un endroit bien mieux. En effet, l'ami de Robert, le tapissier, lui avait dit, tout en lui tapant amicalement sur l'épaule :

– Viens chez moi, tu y resteras tant que tu voudras.

Et c'est ainsi que le magasin déménagea avenue de Rodez. Ce fut un grand tournant dans leur vie. Depuis le début de son existence, mon père avait appris à se battre pour se faire une place au soleil, rien n'avait été facile pour lui. Il s'était fait son propre chemin. Il avait fait le choix de prendre les commandes de sa vie, sans attendre que quelqu'un d'autre le guide.

« J'ai constaté que mon aïeul était un battant, un homme de terrain, et j'en suis fier ! »

Chapitre 18
Au cours supérieur

Au cours supérieur, Mamy poursuit sa scolarité avec une détermination tranquille. Après son passage fructueux chez sœur Honoré, elle se voit désignée pour entrer directement en 6ème tandis que d'autres, moins favorisées, sont destinées à passer le certificat d'études, et plus tard à suivre les cours ménagers. C'était un peu comme une séparation invisible, marquée par les regards complices et les murmures qui s'élevaient dans les coins de la cour de récréation.

Voici la suite de son récit :

À la rentrée 1950, je change de classe et rencontre pour la première fois sœur Marie de L'Assomption, une figure imposante à la discipline de fer. La salle de classe, voisine de celle du cours élémentaire, semblait toujours baignée dans une lumière un peu tamisée, comme si l'ombre de la sœur y régnait en silence. D'origine bretonne, elle portait un regard pénétrant et un visage sévère où aucune tendresse ne semblait pouvoir se faufiler. Elle parlait fort, presque comme si elle voulait faire résonner ses paroles dans chaque recoin de la pièce. À la voir, je me sentais toute petite, intimidée, et je n'ai jamais vraiment réussi à la voir sourire. Ses sourcils froncés semblaient toujours être la première chose que l'on apercevait en entrant dans la salle. Elle avait ce pouvoir de réduire au silence toute tentative de rébellion. Je tremblais à l'idée qu'elle puisse me fixer de ses yeux perçants.

Je me retrouvais au deuxième rang, près de Jeannette, cette fille un peu plus âgée que moi, dont le comportement étrange me déstabilisait. Elle avait cette habitude agaçante de croiser les jambes, et l'une d'elles ne cessait de balancer contre ma jupe. Le bruit du tissu qui frottait m'agaçait, mais je n'osais rien dire. Elle le savait. Chaque mouvement était un test, un défi pour savoir jusqu'où ma patience pourrait aller. Et malgré tout, je résistais, me repliant sur moi-même comme une fleur qui ne veut pas se faner sous un soleil trop ardent.

Un jour, Renée et moi avons eu à recopier un passage de *La Retraite de Russie* de Victor Hugo. C'était un texte un peu lourd, mais nous n'avions d'autre choix que de l'apprendre par cœur, sans vraiment chercher à en saisir le sens profond. Jeannette nous avait gentiment prêté son cahier. Mais elle avait cette manière bien à elle de tracer les N de la même façon que les U, une confusion qui, en toute naïveté, nous avait laissées copier sans chercher à comprendre. Ainsi, au lieu de recopier « groupe morne et confus », nous avions écrit « groupe morue et coufus ». Une erreur de débutantes, mais qui nous fit réciter ce passage devant toute la classe, avec une innocence désarmante. Les rires fusèrent aussitôt, dévalant dans la salle comme une cascade incontrôlable. Le moment était d'autant plus gênant que nous n'avions pas pris conscience de l'absurdité de notre récitation, mais l'hilarité qui en résulta fit vibrer l'air d'un ton qui me marqua longtemps.

L'un de mes souvenirs les plus marquants de cette époque reste la méthode peu orthodoxe de la sœur pour nous enseigner l'orthographe. Pour chaque faute que nous faisions, elle imposait une petite amende, une manière bien à elle de nous rappeler que la rigueur, même dans l'écriture, avait son prix. L'argent ainsi récolté servait à acheter des livres pour créer une bibliothèque à l'école. Je me souviens de cette bibliothèque comme d'un lieu presque magique, où chaque livre semblait porter l'espoir d'une échappée belle vers un monde plus vaste.

« Ah, si cette méthode était appliquée de nos jours dans les classes ! Les professeurs, débordés par les livres, ne sauraient plus où les mettre. Mais je me demande si les parents, aujourd'hui, seraient tous d'accord avec une telle idée. Est-ce que l'on accepterait encore qu'on "paye" ses erreurs, dans un monde où tout est si strictement réglementé ? Je n'en suis pas certain. Mais à l'époque, cela faisait partie du jeu, un jeu subtil où l'on apprenait la rigueur de manière presque ludique. »

Mamy se souvient d'un livre qui l'avait véritablement transportée : *Master Kouki*. Elle l'aimait tant qu'elle avait acheté un cahier de 100 pages dans lequel elle s'était lancée avec détermination pour le recopier. Quel courage ! Chaque soir, elle retrouvait ce livre comme une porte ouverte sur un autre monde, un monde où elle pouvait se perdre dans les aventures et les mystères de l'histoire. Mais elle dut le rendre avant d'avoir terminé, car la règle était stricte : un emprunt ne devait jamais excéder une semaine. Cette limite de temps était comme un rempart, un rappel cruel que le plaisir de la lecture pouvait parfois être éphémère. Mais elle n'avait pas d'autre choix que de respecter cette règle, même si cela la frustrait.

Personne ne contrôlait véritablement ce que Mamy lisait. C'était une liberté qu'elle savourait. Pourtant, certains livres ont laissé des traces indélébiles dans son esprit, et l'un d'eux, *Thérèse Raquin* d'Émile Zola, provoqua en elle des cauchemars terrifiants. C'est un livre qu'elle avait trouvé dans les cartons laissés par l'oncle Pierre, qui, toujours un peu distrait, n'avait pas pensé que Mamy le découvrirait. Dans ses cauchemars, l'image du mari noyé, à la peau verdâtre et décomposée, refaisait sans cesse surface, remontant lentement à la surface de l'eau, comme un fantôme, dans un ballet macabre. Ces scènes, empreintes d'angoisse, la hantaient pendant des nuits entières, et le souvenir de cette lecture est resté gravé en elle, plus durablement que n'importe quelle autre.

À la bibliothèque de l'école, Mamy dévorait avec un appétit insatiable les livres de la collection *Signe de Piste*, une série d'aventures qui l'emmenait bien loin de son quotidien. C'est à cette époque qu'elle a donné le prénom Erick à son fils, un nom qui lui semblait aussi audacieux que les péripéties des héros de ces romans. Elle se plongeait aussi dans des illustrés tels que *Fillette, Lisette, Targa*, et *Fantax,* mais c'était *Le Fantôme du Bengale* qui la captivait particulièrement. Ce roman, peuplé de mystères et d'aventures exotiques, éveillait en elle un désir insatiable d'évasion. Elle se laissait envoûter par l'histoire de ce chien-loup, Satan, qui était bien plus qu'un simple compagnon. « Mamy rêvait de terres lointaines et de mystères cachés, là où l'ordinaire n'avait plus sa place. Ce goût pour l'exotisme, pour le mystérieux, se renforça encore lorsque Diana, l'amie du Fantôme, lui inspira le prénom de sa fille, ma maman, Diane. »

Mais parfois, dans la salle de classe, c'était un autre genre d'apprentissage, bien moins romantique, qui s'imposait. La sœur, qui avait ses petites manies, leur montrait comment décoller les timbres des enveloppes. Un coup de tampon presque invisible, et hop ! Elle savait l'art de les réutiliser pour de nouvelles correspondances, en toute simplicité. « On est honnête tant qu'on n'est pas pris ! » disait-elle avec un sourire malicieux, comme pour signifier que certaines règles étaient faites pour être contournées. Cela faisait partie du quotidien, de ces petites leçons de vie que Mamy, jeune et attentive, absorbait sans vraiment les juger.

Quant à l'éducation physique, c'était un autre chapitre de la vie scolaire. Mamy se souvient de ces cours où, pour passer le brevet sportif populaire obligatoire, il fallait tout donner. La sœur acceptait que les filles soient en short pour les cours d'éducation physique, mais pas n'importe quel short : il devait être long, descendant jusqu'aux genoux, et être serré par un élastique. Ce détail qui, à première vue, semblait anodin, devenait un vrai fardeau pour les filles. L'élastique bloquait la circulation sanguine et, après quelques minutes, les cuisses devenaient violettes, comme marquées d'une étrange empreinte. Mamy se souvient de la sensation de l'élastique coupant la peau sous la jupe, cette sensation de constriction qui faisait de chaque mouvement un effort presque insoutenable.

« J'imagine la scène : Mamy, prête à se lancer pour le saut en hauteur, en ciseaux. Comment réussissait-elle à franchir la corde, placée à un mètre de hauteur, avec une tenue aussi inconfortable ? Elle y parvenait, mais elle s'en souvient comme d'un défi constant, une sorte de lutte contre elle-même, contre la tenue, contre la douleur.

Le grimper de corde n'était pas plus facile. La corde, fixée à une branche solide du marronnier qui ombrageait la cour, semblait un monstre à apprivoiser. Les autres filles se tenaient à distance, baissant les yeux, pour ne pas voir les cuisses de celle qui grimpait et qui se dévoilaient sous les mouvements imposés par l'exercice. Mamy grimpait en enroulant la corde autour de sa jambe, une technique qui, certes, lui permettait de monter malgré tout, mais qui laissait des traces douloureuses. Le frottement de la corde contre sa peau l'avait littéralement arrachée, et la plaie profonde la faisait souffrir. Elle n'avait rien osé dire à la sœur, redoutant la réprimande. Ce n'est que lorsque la plaie s'aggrava que sa maman s'inquiéta et insista pour que son papa parle à la religieuse. Il expliqua à la sœur qu'il serait préférable de ne pas forcer Mamy à faire cet exercice tant que la plaie ne serait pas guérie, une intervention parentale qui, heureusement, fut entendue. Mais tout cela reste gravé dans sa mémoire, une mémoire marquée à la fois par la douleur et par les petites leçons de vie apprises à travers ces expériences.

Mamy poursuit :

« Enfin, le jour tant redouté du brevet sportif arriva, et l'appréhension m'envahit dès les premières heures. Ce n'était pas simplement un examen physique, c'était un véritable défi psychologique. Il se passait à l'école laïque, ce jour-là transformé en un terrain de confrontation, un lieu où garçons et filles du canton se retrouvaient réunis, un fait exceptionnel, presque irréel. Ils étaient là, tout autour de nous, soigneusement écartés de notre environnement quotidien, comme des créatures d'un autre monde. Leur présence m'effrayait, et j'étais bien loin de l'assurance qu'ils semblaient dégager. J'avais l'impression qu'ils scrutaient chacun de nos gestes, avec leurs regards trop vifs, trop différents des nôtres.

Mais il y avait aussi l'épreuve de la tenue. Un autre poids sur mes épaules, le short ! En présence des instituteurs, des institutrices, des candidats... tous ces yeux fixés sur nous, sur nos corps. Je me sentais déshabillée. Mon corps me paraissait étranger, presque indécent, comme s'il trahissait l'intimité de mon âme. J'avais l'impression que mes cuisses, mes jambes, tout mon être étaient exposés, comme une marchandise, et je voulais m'enfouir sous la terre ou me cacher derrière un mur pour ne plus être vue.

Tout ce que je désirais, c'était que l'épreuve se termine, que ce moment où j'étais forcée de me dévoiler prenne fin. Le parcours était long, la liste des épreuves me paraissait infinie : grimper à la corde, sauter en hauteur, sauter en longueur, lancer le poids, lancer les balles dans un carré. Chaque activité m'angoissait, je redoutais de me ridiculiser, de perdre pied, de tomber sous les yeux des garçons qui se tenaient là, spectateurs intimidants de ma faiblesse perçue. Mais au fur et à mesure, comme un mécanisme que l'on aurait lancé sans pouvoir l'arrêter, mes jambes se mirent à courir, mes bras à s'élancer.

Le grimper de corde, cette épreuve d'une grande brutalité, fut un vrai test. Mais étrangement, c'est ce moment-là qui me donna une certaine liberté. La corde, rugueuse et froide contre ma peau, semblait s'entrelacer autour de mes muscles, m'obligeant à lutter contre la gravité, à m'élever. J'avais une certitude en moi à ce moment-là : je devais tout donner. J'avais besoin de me prouver que je pouvais le faire, que je pouvais surmonter cette gêne, cette humiliation perçue. Et je réussis. En dépit du short qui me comprimait et des regards que je sentais peser sur moi, je grimpai à la corde avec une certaine aisance.

Le saut en hauteur ne fut pas en reste. Je sautai plus haut que je ne l'avais jamais fait, sans la jupe cette fois, qui avait bien souvent alourdi mes mouvements. Le corps se libérait, et je réalisais alors que ce n'était pas seulement l'épreuve physique que je franchissais, mais aussi une barrière invisible, celle de l'angoisse et de la honte qui m'envahissaient habituellement. Le résultat de ces efforts se traduisit par des résultats satisfaisants. Mais plus que tout, ce qui compta à mes yeux, ce fut d'avoir su me tenir debout, d'avoir franchi ces obstacles, non seulement sportifs, mais aussi émotionnels.

Le brevet sportif, ce papier que j'avais tant redouté, était maintenant en ma possession. Papa l'encadra avec une fierté discrète, et il trône aujourd'hui dans un coin de mon débarras, comme un témoignage silencieux d'une époque révolue. Mais quelle aventure ! Une aventure qui, à bien des égards, semblait appartenir à un autre monde, à une époque où le corps féminin devait se cacher.

Aujourd'hui, la vie a bien changé. « De nos jours, les écoles sont mixtes, et personne n'aurait honte de montrer ses cuisses », disais-je à Mamy. C'était un souvenir lointain, une époque où la pudeur et l'intimité étaient autant des fardeaux que des protections. Mais la vérité, c'est que la vie évolue, parfois sans qu'on s'en rende compte, et les barrières tombent lentement. Les filles peuvent désormais courir, sauter, et grimper sans cette peur du regard des autres. Et même si la liberté n'est pas totale, il me semblait que, dans une certaine mesure, il y avait eu un progrès. Un progrès qu'on doit à ces générations passées qui, comme Mamy, avaient surmonté bien plus que des épreuves sportives.

Chapitre 19
Les cours d'anglais

En classe de 6ème, je fis la connaissance d'une autre religieuse que l'on appelait avec une pointe de crainte, « la mère de l'anglais ». Elle nous faisait peur avec ses longues dents blanches qui semblaient démesurées pour un visage si austère. Je me souviens encore de la façon dont elle s'adaptait à son rôle de religieuse stricte, son regard perçant et son port de tête autoritaire. À chaque fois qu'elle ouvrait la bouche pour nous interroger, je la voyais comme le loup déguisé en grand-mère dans l'histoire du « Petit Chaperon rouge », prête à nous dévorer si nous n'étions pas assez vigilantes.

J'avais pourtant hâte d'apprendre une nouvelle langue, pour suivre les traces de mon oncle Pierre, qui parlait couramment l'anglais, et semblait si serein, capable de converser avec n'importe qui dans cette langue. Cependant, ma joie se mua rapidement en déception. Les seuls mots que j'entendis durant mes années de scolarité furent ses ordres impassibles : « Sit down, stand up », comme une rengaine qui ne finissait jamais. Elle venait de l'île de Malte, un endroit réputé pour sa richesse culturelle et linguistique, et pourtant, les mots qu'elle nous enseignait semblaient d'un autre âge.

Les cours se déroulaient toujours de la même manière. Elle nous demandait d'apprendre par cœur des listes de mots souvent tombés en désuétude. L'interrogation commençait habituellement par la personne du premier rang à sa droite, et elle nous donnait un mot en français, qu'il nous fallait traduire en anglais. Comme nous n'étions pas dupes, et que l'idée de tout apprendre par cœur ne nous tentait guère, nous calculions pour n'apprendre que celui-là. Cette tactique fonctionnait assez bien, jusqu'au jour fatidique où la sœur décida de commencer l'interrogation par une autre élève, et ce fut le chaos. Nous ne savions plus quoi répondre, et sa colère, jusqu'alors contenue, se déchaîna sur nous.

Le cours d'anglais déviait rapidement sur d'autres sujets. Un jour, lors d'une discussion étrange au sujet du don de sang, elle nous apprit qu'un alcoolique bien en vue, connu de tous dans le village, avait donné son sang. Elle lança alors, sans aucune retenue : « Qui voudra de ce sang d'ivrogne ? » Ces mots, prononcés sans la moindre réflexion, résonnèrent dans la salle comme une cloche sinistre, marquant à jamais le contraste entre son autorité de religieuse et sa manière inappropriée d'aborder des sujets sensibles. « Jurez que cela ne sortira pas de la classe, nous recommandait-elle. »

Mais son sujet favori était le « démon ». Elle semblait le connaître mieux que quiconque, comme si elle avait passé des années à l'étudier dans les ténèbres de son âme. Elle le voyait partout, toujours à l'affût, et surtout dans sa chambre, qu'elle aspergeait frénétiquement d'eau bénite, aux quatre coins, dans l'espoir de l'en chasser. À chaque prière, ses gestes étaient comme ceux d'une âme tourmentée, cherchant à expulser une présence malfaisante. Elle nous effrayait chaque fois qu'elle prononçait son nom, les yeux exorbités, injectés de sang, la salive coulant des commissures de ses lèvres, son regard haineux et pénétrant. Elle avait le diable au corps, comme si celui-ci se manifestait à chaque instant dans son esprit troublé.

Je me souviens de l'impression que cette femme nous laissait, une sensation d'imminente menace qui flottait autour d'elle comme une brume opaque.

« Moi aussi j'aurais eu peur de cette femme, que cherchait-elle en terrorisant ainsi les petites filles ? » me disais-je, tentant de comprendre ses motivations.

Mais ce n'était pas fini. Non, cet être redoutable ne se contentait pas de rester dans l'ombre. Il prenait parfois l'apparence d'un beau jeune homme brun, et ses yeux, noirs comme des braises, brûlaient de l'éclat du Malin. Les filles, éberluées, mais parfaitement conscientes, savaient qu'il s'agissait bien du démon. Ses pieds fourchus, monstrueux, trahissaient sa véritable nature. Les récits qu'elle nous racontait, emplis de terreur et de mise en garde, nous incitaient à nous méfier des jeunes hommes bruns aux yeux sombres, tandis que les blonds aux yeux clairs nous semblaient d'une innocence absolue. Je dois avouer, mon petit Hippolyte, qu'à 19 ans, lorsque j'ai rencontré ton papy, il me tardait de vérifier ses pieds, un peu comme si une partie de moi voulait comprendre ce qu'elle avait bien pu vouloir dire…

À 11 ou 12 ans, nous étions impressionnables, crédules, et passions en courant devant la porte de sa chambre, de peur que cette porte ne s'ouvre sur l'esprit du mal qui y était enfermé. Combien de fois ai-je eu des cauchemars à ce sujet ? Et, parfois, la nuit, des visions d'horreur me reprennent encore. Il me semble qu'une présence invisible rôde dans la maison en me remplissant d'effroi. Plus tard, je pris une aversion profonde pour les tabourets aux pattes de bouc vendus dans les petites boutiques de montagne. Ces objets inoffensifs me rappelaient trop les pieds du diable, et je ne pouvais les voir sans frissonner de dégoût.

Parmi les pensionnaires, il y en avait une qui avait une histoire particulièrement triste. Elle s'appelait Thérèse. Née à Brazzaville, elle était le fruit de l'union d'une Africaine et d'un Blanc. Avec son teint foncé et ses cheveux crépus, elle ressemblait à sa mère restée en Afrique. Quant à son père, il n'avait jamais le temps de s'occuper d'elle, et c'est ainsi que Thérèse était devenue pensionnaire, ne rentrant jamais chez elle. Le cours d'anglais la terrorisait, car elle était la cible préférée de la religieuse. Je l'ai vue un jour, en plein cours, obligée de s'agenouiller sous ses ordres. Elle lui tirait les cheveux d'une main, tout en lui administrant des coups de bâton de l'autre. Thérèse hurlait : « Arrêtez, vous me faites mal ! » Nous restions là, impuissantes, spectatrices de cette cruauté insoutenable.

Je me souviens avoir pensé, horrifiée : « Ce n'est pas possible ! Elle était raciste, cette sœur ! Ne lui avait-on pas enseigné à aimer son prochain comme soi-même, à respecter la dignité de chaque être humain ? »

Les cours d'anglais étaient une farce, et sœur Marie de L'Assomption en était bien consciente. C'est pourquoi elle nous faisait apprendre par cœur des versions anglaises sur un petit livret intitulé *« Pick me up »*, mais tout cela n'avait pas plus de sens qu'un mauvais rêve. Quand je suis arrivée en classe de seconde, je me suis rendu compte que je n'avais jamais entendu un mot d'anglais de toute ma scolarité.

Chapitre 20
L'embrigadement

Que ce soient les unes ou les autres, les religieuses avaient la mission tacite de nous éloigner des garçons et de tout ce qui nous rattachait à la famille, afin de renflouer les couvents qui, peu à peu, se vidaient. Tous les moyens semblaient bons pour nous détourner de nos racines, nous garder en dehors du monde, à l'école, loin des bras de nos parents, toute la semaine. Certaines, les plus vulnérables, se laissaient attraper dans leur filet. Il y en eut au moins sept, les proies les plus faciles, qui tombèrent sous leur emprise, se firent religieuses ou choisissent de rester célibataires, coupées du monde.

Je me souviens encore de cet entretien avec la supérieure dont les paroles résonnent encore dans ma tête comme une malédiction : « Vous êtes appelée par Dieu, il vous a choisie pour le servir ».

Mon petit Hippolyte, imagine le trouble que cette phrase a déclenché en moi ! Moi, fille unique, appelée à abandonner mes parents, ma famille, pour entrer au couvent ? À 14 ans, on est impressionnable, on doute de tout et de soi-même. C'était comme un tourbillon dans ma tête, un chaos de pensées contraires. J'étais torturée par cette question, lancinante, dévorante. Et si ce qu'elle disait était vrai ? Si Dieu m'appelait à la vie religieuse ? Si je n'avais pas d'autre choix que de suivre cette voie ? Comment pouvais-je, moi, une simple fille de ce monde, résister à une telle « vocation » ? Un véritable dilemme de conscience : irai-je, n'irai-je pas au couvent ?

Je me confiai alors à Renée, à Marinette V, qui, comme moi, avaient été convoquées pour les mêmes raisons, et, peu à peu, une à une, d'autres voix se levèrent. Chacune d'entre nous, en silence, cachait une douleur, un poids invisible. Ces religieuses, abusant de leur autorité, agissant non pour notre bien-être, mais pour l'intérêt de leur ordre, perturbèrent sans vergogne notre vie de fillettes. Combien d'entre nous se sentirent coupables, rongées par l'idée de désobéir à Dieu en optant pour une vie ordinaire, en choisissant l'amour et le mariage ?

« Et pourtant, Mamy, tu as résisté, bravo ! Bravo pour ne pas avoir cédé à cette pression, bravo pour avoir trouvé le courage de ne pas écouter ces conseils, car si tu t'étais laissée convaincre, je ne serais pas là, moi, pour raconter ton enfance, pour te rendre hommage, toi qui m'as appris tant de choses sur la vie, sur la liberté de choix. »

Mamy continue : Lors de mon retour à Réquista, après des années passées loin de ces lieux, j'ai voulu renouer avec mes anciennes camarades de classe. L'envie de retrouver des morceaux de mon passé, de tisser des liens avec celles qui avaient partagé ces années d'enfance et d'apprentissage. Mais, lorsque j'ai téléphoné à Monique F. qui vivait à Millau, ce fut son frère qui décrocha, me répondant sèchement : « Monique ne veut plus entendre parler de Réquista, ni des sœurs qui ont gâché sa vie ». Ses mots résonnèrent comme un coup de poignard dans mon cœur avec le poids du passé, des souffrances, de ces années où l'on était trop jeunes pour comprendre la manipulation, trop naïves pour saisir la réalité.

Pour celles qui n'avaient pas de frère, le garçon était la bête noire. Et le vicaire faisait partie de ceux que l'on redoutait. Une religieuse se tenait toujours en faction, présente dans la classe lorsqu'il venait nous faire chanter, ou bien pour les heures de catéchisme. C'était comme si nous étions surveillées à chaque instant, comme si nos gestes, nos pensées, même nos rêves, étaient soumis à leur contrôle. Elle assistait aussi à la visite médicale annuelle, avec le docteur. Quel malaise, quel inconfort pour nous, ces jeunes filles, de devoir nous déshabiller en sa présence. Cette femme en retrait, figée dans son rôle, son regard scrutateur, semblait pénétrer chaque recoin de notre innocence. C'était elle qui répondait toujours à la question fatidique : « Est-elle réglée ? » Et moi, ignorant tout de ce qu'on entendait par-là, je ne comprenais même pas de quoi il s'agissait.

Elles devaient connaître les faiblesses du sexe masculin. Comment ? Le mystère demeurait. Ni le curé, ni le docteur, ne pouvaient gagner la confiance de cette religieuse. Elle semblait inébranlable, d'une froideur implacable, surveillant chaque mouvement, chaque mot prononcé.

Ayant appris que l'une d'entre nous s'entraînait au basket avec un homme du village désireux de former une équipe féminine, les sœurs, dans leur désir de contrôler nos pensées et nos activités, prirent rapidement la décision d'installer un terrain de sport pour nous détourner de ce projet. La mère supérieure ne recula devant rien pour atteindre son but, même si cela signifiait sacrifier une partie du potager si durement entretenu. C'était une décision stratégique, un coup de maître pour contrer cette liberté qui s'échappait. Les élèves, motivées par cette nouvelle, furent invitées à participer activement aux travaux, dans l'espoir de minimiser les dépenses de l'institution. Et ce fut un déchaînement de bonne volonté.

Tout débuta par l'arrachage des végétaux, une tâche qui, au début, semblait presque amusante. Quelques vieux poiriers, aux branches tordues comme des bras de géants figés dans le temps, et aux troncs vermoulus, cédaient sous notre poussée, comme s'ils étaient fatigués de vivre. Mais l'un d'eux, plus coriace, résista. Une corde fut passée autour de son tronc, juste à la naissance des branches, et les filles se mirent à tirer de toutes leurs forces, leurs muscles tendus sous leurs robes. L'atmosphère était pleine de rires et de cris joyeux. Nous étions là, à lutter contre la nature elle-même, persuadées que l'effort collectif valait la peine, que le résultat serait à la hauteur de nos attentes.

Ce jour-là, le jeune vicaire, curieux de l'avancement des travaux, se trouva par hasard sur place. Pour qu'il nous remarque, nous redoublions d'efforts, les visages rouges d'effort et de plaisir. Soudain, la corde céda brutalement sous notre insistance, nous fûmes projetées en arrière, toutes quatre, les pieds dans les airs. Nos jupes, emportées par l'élan, se retrouvèrent retroussées, dévoilant nos cuisses dodues et le fond de nos culottes, sous le regard éberlué de l'abbé, qui éclata de rire, les larmes aux yeux. Il riait si fort que c'était comme si le monde autour de nous s'était figé, comme si l'humiliation devenait un spectacle dont il se régalait.

La religieuse qui l'accompagnait, rouge de colère, se précipita sur nous, hurlant : « Un peu de tenue, mesdemoiselles ! ». C'était comme si le ciel s'était ouvert sous nos pieds. Nous rabattîmes nos jupes précipitamment, et nous relevâmes, toutes confuses, les joues brûlantes de honte. Pourtant, ce n'était pas terminé. Non, pour cette incartade impardonnable, nous fûmes punies pour notre « impudeur préméditée ». Ce jugement sévère, sans appel, nous fit comprendre que notre innocence n'avait aucune valeur aux yeux de l'autorité. « Vous feriez mieux d'arracher les oignons de tulipe », ordonna la religieuse, comme si cela pouvait réparer ce moment de honte.

Nous exécutâmes son ordre sans discuter, prenant les oignons pour les cacher dans nos poches, persuadées qu'ils allaient simplement être jetés à la poubelle, comme tout ce qui était jugé inutile. Mais lorsque la religieuse chargée du potager apprit notre larcin, elle exigea que tous les oignons soient restitués dès le lendemain. Leurs petits bulbes, comme des symboles de notre rébellion, furent récupérés et retournèrent dans la terre, comme si rien n'avait eu lieu.

Une fois le sol débarrassé des végétaux indésirables, nous passâmes à l'étape suivante : aplanir la terre avec des râteaux, en veillant à ce que chaque miette de terre soit bien nivelée. Puis, nous transportâmes péniblement des seaux de mâchefer, déposé en tas près du portail. Chaque pas nous laissait les pieds noirs de poussière, et nos mains, rougeâtres et rugueuses, portaient les stigmates de notre travail. Mais nous persévérions, pour obtenir notre terrain de sport, pour prouver que nous pouvions aussi accomplir quelque chose de concret, quelque chose qui nous appartenait.

Enfin, les paniers de basket furent installés, et deux poteaux pour le filet de volley se dressèrent sur ce sol que nous avions façonné. Mais le volley, ce sport imposé, ne m'inspirait guère. L'engagement, avec ses gestes brusques et ses mouvements imposés, me tordait les mains. Je préférais de loin jouer au foot, où la liberté de courir m'apportait une sensation de puissance, une victoire sur les règles imposées.

« Je suis stupéfait quand Mamy me raconte le travail fourni par des gamines si obéissantes, mais elle m'a aussi dit qu'elles devaient faire le ménage de la classe, chaque jour, balayer, essuyer la poussière, cirer leur bureau, secouer les branches des sapinettes en hiver pour que le poids de la neige ne les casse pas. Et ce n'est pas tout, en automne, elles transportaient le bois à la cave. Ses mots résonnent encore en moi comme un écho de la dureté de leur quotidien. Une dureté qu'elles enduraient en silence, car c'était là leur place, leur rôle dans ce monde imposé, où chaque geste, chaque effort, était jugé, surveillé, et dicté par l'autorité. »

Mamy continue :

– Un jeudi, jour de congé bien mérité, nous étions chargées d'une tâche particulièrement ingrate : avec des limes rugueuses, ôter la rouille tenace des barreaux de la grille du mur de la maternelle. L'air était frais, presque glacial, et l'odeur de métal oxydé se mêlait à celle de l'humidité du matin.

Mamy se souvenait de Francette, qui, à l'époque, avait osé déclarer : « Ma grand-mère ne veut pas que je fasse ce travail », et, comme par défi, elle n'était pas venue. « Bravo à cette Francette qui s'était rebellée face aux sœurs qui savaient abuser d'une main-d'œuvre gratuite ! Oui, elle admirait le courage de cette gamine qui avait déclaré que ses grands-parents refusaient de la laisser faire cette corvée ».

« Mamy m'a aussi raconté les parties de foot. »

« Je préférais le foot au basket ou au volley. Chaque mois, en guise de récompense, la sœur nous conduisait au terrain de foot à la sortie du village. Ce terrain n'avait rien de grandiose, juste une vaste étendue de terre gazonnée, mais c'était notre échappatoire, notre moment de liberté. La religieuse, loin de se comporter comme une figure austère et distante, attachait son voile derrière la nuque avec une épingle, retroussait légèrement sa robe pour laisser dépasser son jupon de laine et, avec une énergie surprenante, tapait de bon cœur dans le ballon. C'était une scène qui, à l'époque, semblait presque incongrue : une religieuse qui jouait au foot avec des filles, aussi dévouée au sport qu'à sa mission. C'était presque comme si la rigidité des règles qu'elle incarnait laissait place, un instant, à une humanité retrouvée. « J'aurais bien voulu voir ça ! » dis-je en imaginant la scène, sourire aux lèvres.

Après la partie, nos chaussures boueuses étaient un spectacle en soi. Pour les nettoyer, nous devions passer par la mare d'eau sale, qui se trouvait juste en face d'une maison du quartier de la Planquette. L'eau, noire et visqueuse, nous éclaboussait les jambes, mais au moins, cela nous débarrassait de la boue qui avait collé à nos bottes. Un jour, le froid hivernal fit geler l'eau de la mare, créant une surface aussi lisse qu'un miroir. Renée, la plus audacieuse d'entre nous, s'aventura imprudemment sur la glace, croyant pouvoir glisser sans danger. Mais la glace, fine et fragile, céda sous son poids. Elle plongea ses jambes vite englouties dans l'eau glacée, luttant pour se dégager de ces eaux souillées, froides et nauséabondes. Quelques jours plus tard, ses jambes étaient couvertes d'affreux boutons purulents, ressemblant à des furoncles qui lui brûlaient la peau. Cela aurait pu être comique, mais la douleur qu'elle endura en disait long sur la cruauté de ce petit accident.

Elle continua : « Voici comment un service rendu m'a valu une punition. » Et là, c'était une autre histoire. Le père de ma copine Josette l'avait chargée d'apporter une lettre au directeur du collège Saint-Louis. Josette m'avait demandé de l'accompagner, et j'avais accepté, sans réfléchir. Pourtant, cette mission était périlleuse. Les sœurs nous avaient formellement interdit de passer par la rue du collège, qui surplombait la cour des garçons. Un interdit que nous savions très bien ne pas pouvoir enfreindre, mais qui, dans ce cas précis, était difficile à contourner. Une fois notre tâche accomplie, nous nous étions empressées de partir, courant sur le pavé comme des voleuses, pour rejoindre notre école.

Je n'ai jamais su comment la Mère Supérieure apprit notre incartade, mais dès le début du premier cours de l'après-midi, nous dûmes subir une lourde semonce. Debout, les mains crispées derrière le dos, nous nous tenions là, devant toute la classe, pendant ce qui nous sembla une éternité. La Mère Supérieure nous fustigea pour notre « dévergondage », nous réprimanda sur notre comportement inacceptable. Le pire, dans tout ça, c'était que nous acceptions cette punition sans protester. Nous n'avions rien fait de mal, si ce n'est rendre service au père de Josette, mais aux yeux des sœurs, ce geste de bienveillance était vu comme une transgression. Et comme toujours, la punition fut sans appel : « Vous irez vous confesser. » C'était la sentence qui tombait, implacable. Une humiliation que nous subissions sans comprendre pleinement pourquoi. Cela faisait partie de ce système de règles et de punitions qui semblait plus une méthode de contrôle qu'un véritable enseignement.

Vers 14 ou 15 ans, on est espiègle, presque insouciante. L'adolescence, ce moment où l'on cherche par tous les moyens à se faire remarquer, à jouer avec les règles, à tester les limites. Le dimanche, lors de la messe, nos regards se tournaient irrésistiblement vers les garçons du collège Saint-Louis. Leur présence dans le chœur retenait toute notre attention. Curieusement, c'était à l'église, un lieu sacré dédié aux prières que nous pouvions les observer.

Un jour, prises dans un élan de folie, nous avons décidé de passer un billet anonyme à l'un des garçons. Un petit bout de papier glissé discrètement, avec cette phrase amusée et provocatrice : « Dimanche prochain, au moment de l'élévation, tu tourneras la tête, celle qui se mouchera sera l'auteur de ce billet. » C'était un défi, un jeu innocent, mais délicieusement risqué. Nous avions convenu, dans un murmure complice, que toutes les filles de la rangée se moucheraient en même temps, pour créer l'illusion. Quand la cloche sonna, annonçant le moment sacré de l'élévation, nous étions prêtes. Dès que le garçon se tourna vers nous, il ne put retenir son regard amusé. Un éclat de rires incontrôlables nous secoua. Bien sûr, cela nous valut une réprimande immédiate de la part de la religieuse qui nous accompagnait. « Vous étiez vraiment malicieuses, les filles ! » dis-je

Mamy poursuit : Sans préparation particulière, j'ai obtenu mon certificat d'études. Pour mes parents, c'était un signe que je m'étais bien appliquée à l'école, et je leur demandai alors une récompense un peu spéciale, une récompense pour nourrir ma passion naissante : je voulais apprendre à jouer du piano et connaître le solfège. C'était un rêve que j'avais depuis longtemps, car, quelques années auparavant, j'avais eu l'occasion de toucher au piano de mon amie Monique. Les touches semblaient en faire une sorte de magie, et un petit air simple, mais envoûtant me trottait dans la tête, dont les notes se sont gravées dans ma mémoire : do mi mi do mi mi do mi ré do mi sol, do mi mi do mi mi do mi ré do.

Mes parents acceptèrent de financer les cours donnés par sœur Julienne, la vieille religieuse qui jouait de l'harmonium à l'église. Tata Juju, comme nous l'appelions affectueusement, était un personnage à part. La salle de piano se trouvait à l'étage, dans un petit local lumineux, avec une fenêtre qui donnait sur la cour de récréation. Chaque fois qu'elle nous adressait la parole, nous restions debout, les mains croisées dans le dos, et surtout, sans toucher les murs, car ils devaient rester impeccables. Elle avait deux élèves : moi, bien sûr, et Marinette. Durant les heures d'étude, nous nous succédions au clavier du rez-de-chaussée destiné aux répétitions. Je prenais un plaisir fou à m'éclipser discrètement pour aller m'entraîner. La « méthode Rose », je la connaissais par cœur, comme une sorte de rituel, de routine rassurante. À chaque gamme que je jouais, mes doigts dansaient avec une aisance que je ne soupçonnais même pas avoir. Le piano devenait un refuge, un moyen d'évasion, une manière de m'exprimer au-delà des mots. Ces moments passés à jouer, à répéter sans fin les mêmes exercices, m'apportaient une satisfaction profonde, une joie presque viscérale, comme si chaque note effleurée par mes doigts avait un pouvoir particulier. Lorsque je quittai l'école pour le lycée, ce fut avec un grand regret, celui de ne plus pouvoir laisser courir mes doigts sur cet instrument merveilleux. C'était un déchirement de quitter ce lieu où la musique était devenue une seconde peau, et le piano un ami fidèle.

Une fois par semaine, nous nous rendions à la chapelle du couvent pour des prières spéciales. Ces moments étaient empreints d'une solennité presque écrasante, comme si chaque mot prononcé en latin avait un poids sacré que l'on ne pouvait négliger. À tour de rôle, nous devions lire le Confiteor, récitant des mots que je ne comprenais pas, mais qui me semblaient pourtant chargés d'une force mystérieuse. Je n'arrivais jamais à m'habituer à l'insondable silence qui régnait dans ce lieu, un silence si profond qu'il semblait avaler nos pensées. Les vitraux, illuminés par la lumière tamisée, étaient tout aussi envoûtants. L'un d'eux représentait un énorme serpent sinueux, enroulé autour de la croix, ses yeux hypnotiques me fixant de loin. À chaque regard, je frémissais, comme si le puissant reptile était prêt à se détacher de sa place et à se lancer sur moi dans une danse macabre. Ce serpent, si étrange et oppressant, me hantait chaque fois que je levais les yeux vers lui. C'était une image qui marquait l'âme, difficile à oublier.

Un jour d'hiver, j'avais environ 14 ou 15 ans, je suis arrivée à l'étude du dimanche vêtue d'un pantalon. Ce vêtement, qui venait de faire son apparition dans mon armoire, était une petite révolution dans ma vie. Je voulais imiter Mercedes, l'amie de ma mère, cette femme que j'admirais profondément pour sa désinvolture et sa liberté, son audace à ne jamais se plier aux règles rigides qui étouffaient cette époque. J'étais impatiente de me glisser dans ce pantalon, de me sentir différente, plus moderne. Mais la sœur ne l'entendait pas de cette oreille. Pour cacher le pantalon, elle me força à garder mon manteau, comme si j'avais commis un crime. Elle avait décidé de me punir pour ma tenue. Je suis restée durant toute l'étude à transpirer près du radiateur, coincée dans mon manteau, étouffée par la chaleur qui montait du radiateur, jusqu'à 19 heures. En sortant, le froid glacial de l'extérieur me surprit de plein fouet. Ce fut le coup de grâce. Une grippe s'en suivit et je suis restée une semaine à la maison, clouée au lit, tout ça… pour un pantalon !

À cette époque de mon enfance, toutes les raisons étaient bonnes pour nous obliger à nous rendre à l'église. Il y avait bien sûr les grandes occasions : le mois de Marie, le mois de Joseph, et bien d'autres moments de dévotion, où nous devions nous rendre à l'église le soir, après le repas, vers 20 h 30, malgré la nuit noire qui s'abattait sur le village. La lumière des réverbères dans la rue semblait insuffisante pour briser l'obscurité de la soirée, et nous marchions en silence, comme en procession vers l'église. Mais ce n'était pas une marche pieuse qui m'attirait, c'était la compagnie de Jeanine, la plus intrépide et insouciante d'entre nous. Jeanine, toujours en quête de nouvelles facéties, adorait jouer des tours aux habitants du quartier. Sur notre chemin vers l'église, elle appuyait discrètement sur les boutons des sonnettes des maisons, puis s'enfuyait à toutes jambes, ses pas se mêlant au bruit de la cloche qui sonnait l'heure de la prière. Les autres, innocentes et ignorantes, se retrouvaient ensuite à subir la colère des propriétaires. Cette scène se répétait chaque soir, mais je préférais ne pas suivre Jeanine dans ses farces. Je me contentais donc de rentrer seule, préférant l'obscurité tranquille aux éclats de rire et des courses effrénées.

Sous l'impulsion du curé Marc, les religieuses avaient été chargées d'une mission à la fois originale et ambitieuse : nous initier au théâtre, nous faire découvrir les chefs-d'œuvre classiques. C'était un projet inhabituel qui suscitait une certaine excitation parmi nous.

Les représentations se déroulaient dans la classe de la maternelle, transformée en salle de spectacles. Un fauteuil style Voltaire était sorti, réservé au curé Marc dont la présence semblait donner une solennité toute particulière à la scène. Nous nous lancions alors dans nos rôles avec un mélange de timidité et d'enthousiasme juvénile. Nous avions présenté un extrait des « Femmes savantes » de Molière. Nous mimions des chansons populaires telles que « La petite diligence ». C'est moi qui interprétais la belle, avec une gestuelle exagérée et des sourires forcés, tandis que Francette jouait le rôle du curé, Renée celui du notaire, et Jeanine celui du cocher. Nos costumes, faits de bric et de broc, ajoutaient une touche d'innocence à nos prestations, qui étaient autant d'occasions de rire et de se moquer de la solennité des textes. Puis, nous dansions le menuet, cherchant à reproduire les gestes gracieux que nous avions vus dans les livres d'histoire. Par timidité, je refusais d'interpréter les scènes où il fallait s'exprimer. Heureusement, on ne m'a jamais poussée dans cette direction.

Le seul moment où je n'ai pas eu d'échappatoire, c'est lorsque la mère supérieure, m'avait obligée à vendre des bonbons en circulant dans les rangs des spectateurs, mon panier en main. La chaleur de la salle et les regards curieux me rendaient folle de honte. En voyant ma réticence, elle m'avait lancé, sur un ton péremptoire : « La timidité, c'est de l'orgueil ! » Cette phrase, lancée sans ménagement, m'avait frappée en plein cœur. Je n'avais pas le courage de répondre, mais j'étais furieuse de me retrouver dans cette situation.

Les religieuses, bien qu'emplies de bonnes intentions, n'étaient pas originaires de la région Occitanie et, ainsi, elles ne nous ont jamais initiées au folklore local. Les danses traditionnelles, les fêtes populaires qui rythmaient la vie des habitants nous étaient totalement inconnues. À peine avions-nous entendu parler du poète local, François Fabié, et de son œuvre. Lorsque nous avons appris son poème « *La chatte noire* », nous ignorions qu'il était né à Durenque, à une dizaine de kilomètres de Réquista, tout près de chez nous.

Parmi les bons souvenirs qui me restent, il y a la fête de Saint-Joseph, un moment particulier où, pour une fois, nous avions l'autorisation de pénétrer dans toutes les pièces du couvent, même dans le dortoir. C'était un privilège que nous savourions avec enthousiasme. Nous dévalions les escaliers en riant, nous sentant soudainement libres dans ces lieux habituellement empreints de silence et de discipline. L'après-midi, nous participions à un grand jeu de piste, où chaque groupe devait résoudre des énigmes comme des détectives en herbe, cherchant des indices dissimulés dans chaque recoin du couvent. Ces moments, rares et précieux, étaient une bouffée d'air frais, loin des règles strictes et des obligations quotidiennes.

Chapitre 21
Les vacances

Pendant les vacances scolaires, j'étais totalement désœuvrée, perdue dans un vide d'occupations. Maman ne me faisait pas participer aux travaux ménagers, elle avait décrété que j'en étais incapable, sans doute à cause de mes maladresses répétées. Parfois, elle m'envoyait faire une course, mais je détestais passer devant les terrasses des cafés. Les gens y étaient assis, attablés, parlant fort et lançant des regards sur les passants, comme si chaque geste ou mouvement valait la peine d'être commenté. C'est ce que j'imaginais, du moins. Alors, pour éviter leurs yeux curieux, je prenais de nombreux détours. Si elle m'envoyait acheter de la viande, le boucher, tout sourire, il me donnait toujours les plus mauvais morceaux, ceux que personne ne voulait. Il savait que j'étais trop timide pour protester.

Maman ne m'apprenait pas à cuisiner, prétextant que je ferais plus de dégâts qu'autre chose. Et quand papa lui faisait la remarque, elle répondait simplement, l'air résigné : « Elle va salir trop de vaisselle ! » Elle ne m'a jamais transmis son savoir de ménagère.

Alors, puisque j'avais ma chambre, j'y passais de longs moments, allongée sur le lit, un livre à la main.

C'était une évasion entre quatre murs où je dévorais toute la série des Jules Verne, mais aussi les romans de la Comtesse de Ségur, plongée dans des aventures lointaines. Mes livres étaient tous soigneusement recouverts de papier bleu, numérotés, alignés comme des trésors précieux sur mes étagères. Une centaine de volumes m'attendaient, suite à mes bons résultats scolaires. Papa m'achetait trois nouveaux livres chaque fois que j'étais première, deux si j'étais seconde. À la fin de chaque trimestre, il me conduisait chez Madame Marty, la libraire, qui, avec un sourire bienveillant, me conseillait sur les meilleures lectures à choisir.

Je collectionnais aussi les timbres-poste, petits fragments du monde que j'imaginais. Chaque timbre était une fenêtre vers un voyage lointain, une destination inconnue.

Quelquefois, je sortais en vélo avec ma copine Renée. Nous empruntions la route tranquille qui menait de Réquista à Saint-Jean Delnous. La campagne autour de nous semblait encore endormie, et nous ne croisions guère plus d'une ou deux voitures. C'était un sentiment de liberté pure, un luxe qu'on ne pourrait plus savourer aujourd'hui, tant la circulation a envahi chaque route.

Nous jouions aussi au jokari, près de la Planquette. La balle, suspendue par un élastique, rebondissait contre la raquette avec un bruit sec et régulier. Nos éclats de rire brisaient la quiétude de l'après-midi. Mais souvent, l'ennui pointait le bout de son nez, et nous attendions la rentrée avec une impatience presque douloureuse. À l'époque, rien n'était organisé pour les ados, rien qui puisse vraiment occuper nos journées interminables.

Quand le Tour de France passait dans la région, mes parents étaient toujours les premiers à prendre place dans le car, impatients de rejoindre la cinquantaine d'autres supporters qui allaient être transportés sur le meilleur site de passage. Cette année-là, le Tour passait par Bouloc. Nous nous installions, assis sur le talus, les rayons du soleil brûlant nos épaules, entourés par une mer de visages enthousiastes. La liesse générale envahissait l'air. Des centaines de spectateurs s'étaient massés le long de la route, créant une ambiance électrique.

La caravane publicitaire arriva en premier, déversant sur la foule une pluie d'objets colorés : casquettes, porte-clés, petits gadgets publicitaires, que chacun s'arrachait comme des trésors. Les mains se levaient, les cris de joie fusaient dans l'air chaud. Certains se faisaient même des couvre-chefs improvisés avec leurs mouchoirs, noués aux quatre coins, un look à la fois pratique et étrange. La foule était euphorique, emportée par cette vague d'excitation. Et puis, les coureurs apparurent enfin, comme des ombres furtives sur la route. C'était l'ovation générale. On voulait les reconnaître, leur lancer des encouragements, mais ils filaient déjà trop vite, comme des fantômes, laissant derrière eux une brise rapide et un sillage de poussière.

On remontait dans le car en chantant, l'adrénaline encore vive, sur la route qui nous ramenait à Réquista. Nous étions heureux, fiers, d'avoir vu ces as du vélo.

Il est bien loin, ce temps où l'on se déplaçait pour voir les coureurs, ce temps où la route semblait leur appartenir pendant quelques minutes. Quand le Tour est passé devant le panneau signalant le Moulin de Clary, il y a deux ou trois ans, j'étais seule, cette fois, mon appareil photo autour du cou. Il ne restait plus que l'écho de ces souvenirs, et l'odeur de l'asphalte chauffé par le soleil.

Un autre de mes meilleurs souvenirs, c'est quand papa nous amena pour la première fois au bord de la mer, à Valras. Nous n'avions jamais vu la grande bleue, et ce fut une découverte spectaculaire. La vue s'étendait à perte de vue, une immensité qui nous coupait le souffle. Nous nous sommes baignés, d'abord timidement, l'eau fraîche caressant nos pieds avant de nous engloutir tout entier. Ce fut une journée inoubliable, un moment suspendu dans le temps. Aucune de mes copines n'avait encore vu la mer, et cela me semblait un secret précieux, un trésor que je garderais dans le cœur.

La plus grande manifestation de l'année à Réquista, c'était sans conteste la fête qui durait trois jours. Un événement tant attendu, mais que je n'aimais pas particulièrement. Le dimanche matin, les musiciens passaient en fanfare pour l'aubade chez les jeunes filles, un défilé coloré de musique et de fleurs. Chaque jeune fille recevait une fleur fraîche, un air d'accordéon joyeux, en échange d'une étrenne que ses parents glissaient discrètement dans la main des musiciens.

Dans les rues, les jeunes du comité des fêtes, souriants et pleins d'énergie, proposaient des cocardes aux passants. Ce petit geste symbolique se transformait souvent en un échange chaleureux, où chacun, en enfilant une piécette dans la caisse que l'un d'eux portait en bandoulière, contribuait à la fête. Le soleil tapait fort et la chaleur semblait rendre l'air presque électrique.

Les bals commençaient dès 17 heures le samedi. Tout d'abord sur la place de l'ancienne Mairie, devant le café de Jeannette, puis vers 21 heures, devant le grand café. Les danseurs, vêtus de leurs plus beaux habits, se mêlaient dans une valse effervescente sur la route, délimitée pour l'occasion par des barrières de fortune. Le sol, chauffé par la journée ensoleillée, faisait résonner chaque pas avec une vibration de fête. La musique enflammait les esprits et les corps, mais moi, j'étais plutôt en retrait, écoutant les airs joyeux tout en observant la foule qui dansait comme si le temps s'était suspendu.

Le dimanche après-midi, à la Peyrade, des jeux étaient organisés pour les enfants, les yeux brillants d'excitation. À chaque épreuve, ils gagnaient des tickets de manège. Ces petits bouts de carton les envoyaient, directement sur le foirail, la place réservée aux chevaux de bois. Le bruit des manèges qui tournaient sans fin se mêlait aux éclats de rire des enfants.

Certains rivalisaient d'adresse pour attraper le pompon, récompensés par un tour gratuit. Leur fierté était évidente lorsqu'ils faisaient plusieurs tours avec le prix d'un seul ticket. Les parents les regardaient, sourire aux lèvres, leurs yeux brillants d'admiration devant cette débrouillardise qui rendait leur petit heureux.

L'odeur du sucre d'orge et des bonbons flottait dans l'air. Autour du manège, les cris de joie et les rires des enfants se mêlaient à ceux des adultes, tandis que d'autres, plus audacieux, cherchaient l'adrénaline en montant sur les attractions plus vertigineuses. Il y en avait une, particulièrement redoutée, qui propulsait les gens à une vitesse folle, les lançant à plusieurs mètres du sol. Ceux qui en redescendaient titubaient, l'air encore chargé d'une ivresse insensée. Leurs pas hésitants faisaient rire les autres, plus sages, restés assis à la terrasse des cafés, observant la scène avec un sourire amusé.

Les autos tamponneuses ne m'intéressaient guère. Pourtant, mon père insistait pour que je fasse un tour avec lui. Il adorait conduire, et l'idée d'être dans le chaos contrôlé de ces petites voitures électriques, à se percuter les uns les autres, semblait l'amuser beaucoup. Cela ne me plaisait pas, mais je n'avais pas le cœur à lui refuser.

Les attractions farfelues ne manquaient pas non plus. Les « femmes à barbe », « femmes panthères », étaient les stars des stands d'attractions, captivant les plus curieux, et attirant les moins jeunes qui s'enivraient de ce spectacle décalé. D'autres, plus concentrés, tentaient de prouver leur adresse aux stands de tir, leur visée précise faisant leur fierté. Quant à Renée et moi, nous trouvions notre bonheur avec le flipper.

Je n'étais pas triste de voir la fête se terminer. En vérité, j'étais presque soulagée. Les flonflons des bals, les bruits des pétards que les garçons lançaient dans les rues, tout cela m'enveloppait d'une gêne que je ne savais pas nommer. Ce monde de bruits et de foules me semblait un peu trop bruyant pour moi, une sensation d'agitation qui ne trouvait pas sa place dans mon cœur tranquille.

Dans la nuit du dimanche au lundi, au moment où la fête battait son plein, les jeunes s'amusaient à barbouiller les vitrines des commerces avec du blanc d'Espagne, un joyeux chaos qui laissait une trace de leur passage. Les vitres étaient recouvertes d'une pâte blanchâtre, collante, qui avait tout l'air d'une blague de mauvais goût. Mais au petit matin, quand les premiers rayons du soleil commençaient à percer l'horizon, les commerçants, vêtus de leur blouse de travail, montaient sur des chaises branlantes, les gestes agacés, mais déterminés, pour tenter de réparer les dégâts. Ils s'évertuaient à frotter les fenêtres avec des torchons usés, râlant sous leur souffle. Les jeunes venaient s'approcher, dissimulant leurs sourires derrière leurs mains, écoutant d'une oreille attentive les plaintes des commerçants, tout en se délectant de leur farce. Après tout, ce n'était qu'un jeu. Mais la plaisanterie avait pris une tournure plus audacieuse et un peu plus farfelue le jour où ils avaient rempli de paille la voiture de touristes belges, leur prouvant ainsi qu'ils avaient franchi la limite de la simple facétie.

Le dimanche après-midi, le match de foot était un autre événement très attendu qui attirait un public nombreux. Mais les jeunes filles, elles, n'avaient pas à payer l'entrée, et mes copines, pleines d'enthousiasme, me traînaient avec elles, contre mon gré. Je redoutais la sortie, effrayée par l'idée de me retrouver touchée par un ballon mal lancé. Le terrain, sans aucune protection, semblait un véritable champ de bataille. Les pieds boueux, nous rentrions chez nous trempées, les éclats de la pluie et de la boue collant à nos chaussures. Mes copines se plaçaient toujours au ras de la ligne de touche, se postant comme des spectatrices passionnées, mais leur intérêt n'était pas tant pour le match que pour les footballeurs. Elles essayaient de se faire remarquer, applaudissant à tout rompre après chaque passe réussie, et lançant des sourires furtifs aux joueurs. Ceux qui venaient d'autres villages ou d'endroits plus lointains étaient des proies recherchées, souvent bien plus célèbres que les locaux. Certaines de mes copines, au fil des années, ont épousé un footballeur, tout à fait emportées par cet univers de sport, de dribbles et de rêves d'amour.

Mais l'un des moments que j'attendais le plus chaque mois était sans doute le jour de la foire, le 8 de chaque mois, un rendez-vous immanquable. C'était l'occasion de flâner, de s'émerveiller devant des étals de tout genre. Et quand cette foire tombait un jeudi, la journée semblait s'étirer à l'infini, emplie de petites découvertes et de rires partagés. Maman et moi nous y rendions ensemble, main dans la main, entre les échoppes bondées, son regard de complicité dans le mien. Elle m'achetait toujours une babiole, un petit objet pas cher, mais précieux à mes yeux. Peut-être n'était-ce que quelques centimes, mais ces petites trouvailles avaient un goût de fête, de simplicité, et c'était là toute la magie de ces moments.

La lecture avait été mon unique porte d'évasion pendant des années, un refuge intime où mes pensées s'envolaient au gré des pages. Mais tout changea à l'âge de douze ans, lorsque je découvris un autre moyen d'évasion, tout aussi fascinant : la correspondance. Les périodiques comme « Fillette » et « Lisette » consacraient une rubrique intitulée « le courrier des lecteurs », et c'est dans ces pages que tout débuta. À cette époque, j'avais déjà une correspondante anglaise, Dulcie, qui m'obligeait à perfectionner mon anglais. Puis une autre, Liliane, habitant à Saint-Pierre-et-Miquelon, à qui j'écrivais avec enthousiasme. Mes parents, curieux, mais bienveillants, acceptaient que je leur écrive. Cependant, je ne voulais pas m'arrêter là. C'était pour moi l'occasion de multiplier mes connexions et, surtout, d'ajouter de nouveaux timbres et cartes postales à ma collection naissante.

Un jour, dans une impulsion d'audace, je fais passer une petite annonce dans le magazine « Lisette » : « Cherche correspondant ou correspondante pour amitié durable. »

Les réponses ne tardèrent pas à arriver, et chaque jour je recevais des dizaines de lettres que le facteur me remettait personnellement. Curieusement, j'allais souvent à sa rencontre dans la ruelle qu'il empruntait, pour m'assurer que le courrier ne passait pas par les mains de mes parents. Je prenais un soin particulier à le cacher sous mon chemisier, comme un secret précieux, et je montais en toute hâte dans ma chambre pour m'y plonger en toute tranquillité. Je relisais chaque lettre avec une avidité insatiable, mémorisant les adresses que j'avais soigneusement sélectionnées, comme celle-ci : « Aboubacar Bangoura, chez Monsieur Suma Moustapha, Conakry, Guinée. » Les lettres, précieuses et exotiques, étaient soigneusement cachées sous mon matelas, à l'abri de tout regard.

Hélas, comme souvent avec les secrets, il n'aura pas fallu longtemps pour que maman découvre mon petit pot aux roses. Un matin, le jour se leva sur un terrible dénouement : toutes mes lettres se tordirent dans le feu de la cuisinière à charbon. La colère de maman était palpable, mais je savais qu'il me restait ces adresses précieuses dans ma mémoire, comme des trésors inaltérés. Et ainsi, sans me laisser démonter, j'entamai une correspondance suivie avec plusieurs filles et garçons à travers le monde : Italie, Yougoslavie,

Belgique, Égypte, Allemagne, Nouvelle-Calédonie, Saint-Pierre-et-Miquelon, Angleterre, Suisse, Guadeloupe, et des garçons en Guinée, Ceylan, Syrie, Liban, Algérie...

Ces échanges étaient pour moi une source inestimable d'enrichissement. Ils me permettaient de sortir de ma solitude et de créer des liens avec des êtres réels, bien plus tangibles et vivants que les personnages des romans que je dévorais. Chaque lettre était une bouffée d'air frais, un pont vers l'ailleurs, vers des vies si différentes de la mienne. Je me souviens que tout mon argent de poche passait dans l'achat de timbres, ce petit geste quotidien qui me reliait au monde. À travers ces correspondances, j'ai appris bien plus que la langue de mes amis étrangers : j'ai découvert la géographie, le climat, la végétation et les coutumes des pays lointains.

À travers ces lettres, je voyageais en esprit, mais cela ne m'a pas empêchée, quelques années plus tard, de réaliser mes rêves d'adolescente. Grâce à Charles ton Papy, j'ai pu visiter beaucoup des pays que j'avais rêvés de connaître, à l'exception de Saint-Pierre-et-Miquelon et de Ceylan. Plus tard encore, ma passion pour la correspondance ne s'éteignit pas. Elle se transforma, se nourrissant de projets plus ambitieux. J'ai organisé des échanges entre mes classes d'élèves en Côte d'Ivoire et celles de Réquista, ainsi qu'entre mes classes de Saint-Priest et des élèves ivoiriens. Ces échanges enrichirent encore mes horizons et ceux des jeunes que j'accompagnais.

« Tu étais déjà portée sur l'écriture, Mamy, toute ta vie tu as écrit », me disait souvent Hippolyte, avec une pointe de tendresse dans la voix.

Oui, l'écriture, cette compagne fidèle m'a suivie partout, et m'a permis de tisser des liens, d'explorer des mondes et de vivre mille vies en une seule.

Chapitre 22
Le BEPC

Les distractions des soirées hivernales pour mes parents étaient simples, mais elles suffisaient à remplir leur besoin de convivialité. Chaque samedi soir, ils invitaient les voisins à la maison pour jouer aux petits chevaux autour de la table de la cuisine. C'était leur manière à eux de se divertir, un moment suspendu dans la routine des longues soirées d'hiver, où la chaleur du charbon de la cuisinière rendait l'air moelleux et douillet. La lumière tamisée, les voix qui s'élevaient doucement, le bruit des pions qui roulaient sur le plateau... tout cela constituait le fond sonore d'un samedi soir ordinaire. La télévision n'était pas encore entrée dans nos vies, et dans cette cuisine, l'amusement se trouvait dans ces parties endiablées, où les quatre adultes rivalisaient de stratégie, de chance et de petites moqueries. Moi, je n'étais pas une joueuse. Je restais dans un coin, plongée dans un livre ou dans mes leçons, m'efforçant de retenir mes conjugaisons ou d'assimiler des données géographiques, jusqu'à ce que maman vienne interrompre le silence avec des petits gâteaux secs et une boisson chaude. Je les observais, fascinée et un peu perplexe, me demandant comment des adultes pouvaient se complaire dans des jeux d'enfants. Mais à l'époque, tout cela semblait naturel, presque rassurant, comme si ces moments étaient les seuls où ils pouvaient encore goûter à la simplicité de l'enfance.

L'institution Saint-Joseph, avec son école maternelle jusqu'au BEPC, représentait pour beaucoup une fin en soi. L'établissement offrait un cadre sécurisant, un parcours classique. Dans les années 50, le Certificat d'Études Primaires et le BEPC étaient considérés comme des diplômes de base. Ils permettaient de décrocher un emploi dans des secteurs comme le secrétariat ou les P.T.T., offrant ainsi une stabilité, une forme de confort social. Mais pour moi, cela n'était pas suffisant. J'avais envie de plus de briser cette routine, d'élargir mes horizons. Après douze années passées à l'école Saint-Joseph, je savais que mon ambition me portait ailleurs. Je ne voulais pas me contenter d'être une bonne ménagère, d'apprendre les tâches domestiques durant deux ou trois ans. Mon désir était plus grand, plus audacieux : je voulais travailler, m'accomplir dans un métier, devenir indépendante et voler de mes propres ailes.

Je me souviens avoir supplié mes parents, presque désespérée. « Laissez-moi partir au lycée d'Albi, en seconde ! » Je savais que l'internat serait une épreuve, que je ne pourrais voir mes parents qu'une fois par mois. Mais qu'importe ! C'était ma chance, celle d'échapper à la suffocation de la maison, de grandir, de me construire. Je n'avais plus le temps de me laisser guider par les bras protecteurs de ma mère, qui ne me laissait aucune initiative. C'était le moment pour moi de prendre ma vie en main, de me frotter à la discipline du pensionnat, aux horaires stricts, aux règles de l'internat. Je savais que la route ne serait pas facile, mais cela ne me faisait pas peur. Au contraire, cela me galvanisait. Je me disais que dans ce nouvel environnement, j'allais enfin pouvoir respirer, être libre, et faire mes propres choix.

Mes parents, aux moyens modestes, consentent des sacrifices pour payer la pension et satisfaire mes désirs. Fille unique, je n'aurai droit à aucune aide de l'État, et cela pèse sur le cœur de mes parents. Chaque mois, ils s'efforcent de trouver des solutions, de faire des économies, de couper dans des petits plaisirs pour que je puisse poursuivre mon rêve d'études. Je me sens un peu coupable, mais en même temps, je sais que leur soutien est sans condition. Leur amour est leur seul luxe, et je ne mesure pas toujours l'importance de ces sacrifices.

Un jour, un doute m'envahit et je laisse échapper cette question qui me taraude depuis quelque temps. « Pourquoi n'ai-je pas eu de frère et de sœur ? » Je sais que c'est une question qui vient de la solitude, du poids d'être seule, mais je n'ai pas pu la retenir.

Mon père, qui a vécu une vie marquée par des choix imposés, me répond d'une voix douce, mais ferme : « Parce que nous n'avions pas les moyens d'élever plusieurs enfants. » C'est tout. Rien d'autre. Lui, qui aurait voulu continuer après le certif, mais qui s'était vu contraint de s'arrêter là pour entrer dans la vie active à l'âge de douze ans, dans une scierie, n'avait jamais eu la chance de choisir son destin. Il avait fait ce qu'on lui avait demandé, ce qu'on lui avait imposé, sans jamais se rebeller. Et, malgré la dureté de ses années de jeunesse, il approuvait ma décision de poursuivre mes études, même si cela signifiait des sacrifices pour lui.

« Tu veux aller plus loin, parfait » me dit-il un jour, les yeux pleins de fierté. « Et si tu ne réussis pas, tu auras toujours la possibilité de revenir chez nous. » Ces mots me réchauffent le cœur. Mais je sais aussi qu'il y a une lourde attente derrière ces paroles. Il me confie son espoir, son rêve brisé, comme si ma réussite pouvait réparer un peu de ce qu'il a perdu en chemin.

Mais avant tout, il me faut passer le BEPC l'année 1953-54. L'année cruciale. En troisième, nous sommes quatre filles, sérieuses, studieuses et motivées. Avec Renée, nous nous relayons sans cesse pour la première place, chacune cherchant à devancer l'autre, dans une compétition douce, mais tenace. Chaque heure de révision, chaque épreuve, chaque progrès est vécu comme une victoire, mais aussi comme une pression. La fin de l'année approche à grands pas, et avec elle, l'examen redouté.

Juin 1954, le jour de l'examen arrive enfin. La veille, accompagnées par la Mère supérieure, nous partons à Rodez, la tête pleine d'appréhension, mais aussi de curiosité. C'est une aventure, un petit dépaysement, une échappée qui nous fait oublier un instant la lourde tension de l'examen. Une fois arrivées à Rodez, nous sommes hébergées dans un pensionnat religieux, un endroit austère et calme, où l'on attend le grand jour. Mais avant cela, la sœur, dans un élan de bienveillance, décide de nous offrir une parenthèse de légèreté. Nous nous rendons sur une place animée, où des attractions de toutes sortes, des manèges colorés et des odeurs de pop-corn flottent dans l'air. La fête est là, tout autour de nous, avec ses rires, ses cris de joie et la musique des forains. Pour nous détendre, la religieuse nous emmène au palais des glaces. Là, dans un éclat de rire, nous nous perdons dans les miroirs déformants. Nous nous observons avec émerveillement, nos corps allongés, tordus, rendus méconnaissables par ces miroirs magiques. Les silhouettes sont tantôt monstrueuses, tantôt risibles. Nous éclatons de rire, oubliant un instant la lourde charge de l'examen. Puis, après avoir erré dans le labyrinthe de glaces, nous retrouvons notre chemin, toujours riant aux éclats, avant de regagner le pensionnat, le cœur léger et le sourire aux lèvres.

Le lendemain matin, la tension reprend sa place. Dans la cour du lycée public, les élèves du département attendent, silencieux et tendus, l'appel pour entrer dans la salle d'examen. Il y a une bousculade nerveuse, un chuchotement incessant, mais moi, je reste immobile, concentrée. Je regarde à peine mes voisins, mes voisines. Mes pensées sont déjà absorbées par l'épreuve d'orthographe qui m'attend. Les autres visages se brouillent, devenant flous, comme un décor dont je me détache pour m'enfoncer dans la concentration. Je ne veux rien laisser au hasard. Je dois réussir, non seulement pour moi, mais aussi pour eux, pour ceux qui croient en moi.

Durant ma scolarité, les cours ont toujours été dispensés par des religieuses parlant un français impeccable, sans l'ombre d'un accent, comme mes parents lorrains. Leurs voix douces et claires, parfois sévères, guidaient notre apprentissage avec une précision irréprochable. Mais ce jour-là, horreur ! L'examinateur n'est pas une religieuse. C'est un homme du terroir, dont l'accent du sud claque dans l'air comme une cloche qui sonne trop fort. Il roule les r comme un tambour battant, prononce les « é » fermés, même quand ils devraient être ouverts. C'est un choc pour mes oreilles, habituées à la finesse de la langue de mes maîtresses et à l'accent doux de mes parents. La langue me semble presque étrangère, comme un langage secret que je ne peux déchiffrer.

Quand il dicte, je lutte pour suivre. Il dépose chaque phrase comme une pierre lourde, et mes yeux peinent à suivre le flot de mots. Mon esprit est noyé dans cette mer d'accent, ces sonorités rugueuses qui me paralysent. Chaque mot qui tombe de ses lèvres me semble une énigme. L'étrangeté de la langue me déstabilise. À côté de moi, les autres candidats, nés et élevés ici, baignant quotidiennement dans un mélange d'occitan et de français, écrivent avec une facilité déconcertante, comme s'ils étaient dans leur élément naturel, leur langue maternelle.

Je me sens absente, perdue dans une confusion de sons et de silences. Lorsque vient le moment de la relecture, je n'ose même pas demander à l'examinateur de répéter. La honte me noue la gorge. Les phrases que je n'ai pas comprises s'étendent devant moi comme un gouffre de blanc sur ma copie, une page vide qui me nargue. Malheureuse, désemparée, je ne trouve même pas de quoi me défendre, si ce n'est cette note désespérée, que je trace d'une main tremblante au bas de ma feuille : « Je n'ai pas compris tous les mots du texte à cause de l'accent de l'examinateur. » Ces mots sonnent comme une excuse, mais aussi comme une condamnation. Mes larmes montent aux yeux, mon cœur se serre dans ma poitrine. C'est un supplice silencieux que je vis. Je rends la copie, le regard baissé, sans aucune illusion, prête à affronter l'échec. Je sais déjà qu'il sera catastrophique.

Ce qui m'enrage le plus, c'est que mes connaissances en orthographe ne sont pas en cause. Je n'échoue pas à cause de ma propre incompétence, mais à cause de cet accent qui me fait trébucher, de ce lecteur que je déteste. Je déteste son accent, sa manière de rouler les mots, de les transformer en un obstacle impénétrable. Et pourtant, je me raccroche à l'espoir. Dans les autres matières, je me donne à fond. Je ne vais pas tout laisser tomber à cause de cette épreuve. Je redouble d'efforts, je m'accroche, je me bats contre cette déception grandissante.

Les résultats sont proclamés en fin d'après-midi. Les noms résonnent dans l'air, et trois sur quatre ont réussi. Hélas ! Je n'en fais pas partie. J'ai de bonnes notes dans toutes les autres matières, mais le zéro en orthographe est éliminatoire. Je suis frappée de plein fouet par cette vérité implacable. Quelle déception ! Rien ne pourrait être pire. Une vague de tristesse m'envahit. C'est pour papa que j'ai le plus de peine. Lui, qui m'avait promis un vélo neuf en cas de succès, va devoir m'entendre parler de cet échec. Que va-t-il dire ? Lui, qui a toujours été si fier de moi, si sûr de mes capacités ?

La religieuse, elle, est tout sourire. Elle félicite chaleureusement les trois élèves qui ont réussi, leur adressant des paroles de joie et de fierté, comme si elles avaient remporté une victoire éclatante. Mais moi, elle me laisse dans mon coin, seule avec mes larmes. Personne ne se tourne vers moi. Personne ne cherche à comprendre, à me consoler, à savoir ce que j'ai ressenti. Personne ne fait attention à moi, comme si j'étais devenue invisible. Et c'est là que la douleur se fait plus vive encore. Toute l'année, j'ai été la meilleure de la classe. Mais maintenant, personne ne semble même s'en soucier. La religieuse ne daigne même pas me jeter un regard. Elle agit comme si je n'existais plus, comme si mon échec ne méritait même pas un mot de compassion.

Profondément choquée par l'attitude incompréhensible de la religieuse, je me sens dépossédée, abandonnée. Alors sans réfléchir, je me lève brusquement, l'ego meurtri, et descends l'escalier avec une détermination soudaine. J'ouvre la porte donnant sur la rue, et je pars en courant. Je fuis, sans savoir où aller, mais juste pour échapper à cette amertume qui me ronge. Les larmes me brouillent les yeux, mais je les ravale, préférant les cacher dans l'anonymat de ma course. Rien ne pourra effacer ce sentiment de trahison, mais je continue à courir, emportant avec moi cette amère déception.

Je tourne sans but, sans destination précise, à droite, à gauche, me perdant dans mes pensées comme dans les rues désertes qui défilent sous mes pieds. Je marche, marche encore, chaque pas m'éloignant un peu plus des dernières maisons, du dernier regard, de tout ce qui pourrait me ramener à la réalité. La campagne apparaît soudain devant moi, paisible, étendue à perte de vue, presque irréelle dans la lumière douce du soir. Le soleil est encore haut dans le ciel, à dix-huit heures trente, et je continue sans réfléchir, sans vraiment me poser de questions sur ce que je ne fais ni ce qui pourrait m'attendre.

« Quand la religieuse découvrira mon absence, je serai déjà loin. Elle se débrouillera pour me retrouver ! » Je pense à la situation, mais plus les kilomètres défilent, plus mes pensées se font floues. « Quel chagrin pour mes parents ! Un premier échec, c'est dur à avaler quand on n'en est pas responsable ! » L'échec, ce poids lourd, ce fardeau que je n'ai pas choisi. « Mon entrée au lycée est bien compromise à présent… » Les mots résonnent dans ma tête, un écho constant qui ne me lâche pas.

Je parcours une dizaine de kilomètres sans même m'en rendre compte. La route s'étire devant moi, monotone, alors que la nuit commence à tomber lentement, enveloppant le monde d'une brume légère. Vais-je dormir dans un fossé, me cacher dans une cabane de berger abandonnée, ou errer jusqu'à ce que mes forces m'abandonnent ? Tout m'est égal à ce stade, tout est devenu secondaire. Je ne pense qu'à cette déception, cette humiliation brûlante qui se niche au fond de ma gorge.

Soudain, un ronronnement de moteur perce le silence de la campagne, un bruit qui semble tout droit venu d'un autre monde. Une voiture se rapproche, ralentit, puis s'arrête à ma hauteur. L'automobiliste, visiblement surpris de rencontrer une jeune fille seule à cette heure, me scrute à travers la portière, ses yeux froncés par l'incompréhension.

– Bonsoir, que faites-vous là, à cette heure ? Me demande-t-il, sa voix marquée par la curiosité, mais aussi une pointe de méfiance.

Je baisse la tête, incapable de croiser son regard. Le silence s'installe, lourd, embarrassant. Je n'ai aucune envie de répondre. Après un moment, il semble deviner mon trouble, et avec une voix plus douce, il ajoute :

– Montez, je vais vous déposer au village voisin.

Sans réfléchir, prise par un sentiment mêlé de fatigue et de lassitude, j'ouvre la portière. L'homme a un air bienveillant, mais aussi une certaine autorité, comme s'il était habitué à prendre en charge les imprévus de la vie. En roulant, il me lance des questions, chacune d'elles tombant sur moi comme une vague froide.

– Où habitez-vous ? Que faites-vous seule à cette heure ? Où allez-vous ?

Ses mots sont polis, mais ils me poussent à parler, à m'ouvrir. Il a l'air gentil, même un peu trop. Finalement, je me laisse aller et lui raconte tout. L'échec, le zéro en dictée, la prononciation de l'examinateur qui m'a fait échouer. Je parle de ma déception, du goût amer qui reste dans ma bouche. Je n'étais pas prête pour cela, pas prête pour cet échec humiliant, ce sentiment de défaite alors que je m'étais toujours sentie en contrôle.

– Ah ! Ce n'est pas si grave, me dit-il, d'un ton rassurant. « Vous repasserez votre BEPC en septembre. Ce n'est qu'une épreuve parmi d'autres. »

Ses mots glissent sur moi, mais n'arrivent pas à apaiser la tempête. Pourtant, il semble sincère, comme s'il voulait vraiment me consoler. Il arrête sa voiture devant la gendarmerie de Rignac, et avec un geste presque impératif, il désigne le brigadier qui attend dehors. Je devine à peine leur conversation, leurs murmures étouffés derrière la vitre. Le gendarme s'approche ensuite de moi avec un sourire paternaliste.

– Ne vous tracassez pas, ma fille aussi a échoué, dit-il, sa voix douce, mais pleine de cette certitude qu'on peut seulement avoir quand on a traversé la même épreuve. « Elle vient d'avoir les résultats. Il n'y a pas de quoi en faire un drame. Elle repassera en septembre, voilà tout. Allez la voir, vous vous consolerez l'une l'autre. »

Ses mots sont réconfortants, mais ils sonnent creux à mes oreilles, comme une tentative maladroite de réparer l'injustifiable. Il me montre la porte d'un bâtiment, et je sais qu'il veut que j'aille voir sa fille, mais je me sens à la fois trop fière et trop brisée pour accepter cette pitié. Pourtant, un mince espoir perle en moi, une lueur fragile qui pourrait bien se raviver un jour. Mais ce soir-là, cette nuit-là, je n'ai besoin de rien d'autre que de disparaître.

Je monte lentement l'escalier de l'appartement, une sensation étrange m'envahit en approchant de la porte, comme si je m'apprêtais à franchir une frontière invisible. Là, la famille se prépare à passer à table, le bruit des couverts et des éclats de voix joyeuses résonne derrière la porte. En entrant, je suis accueillie chaleureusement, comme si mon arrivée n'était en rien une surprise. La maman, d'un geste fluide et habituel, ajoute une assiette et des couverts de plus, comme si ma présence s'inscrivait déjà dans le quotidien de cette famille. Ce geste de bienveillance m'apaise un peu.

J'aperçois Isabelle, triste elle aussi, mais sa présence m'est d'un réconfort inattendu. Elle me sourit timidement, et nous échangeons un regard lourd de non-dits.

– À présent, nous allons prévenir vos parents, ils doivent être inquiets, me dit la maman d'une voix douce, presque rassurante. Je lui tends le numéro de téléphone, un numéro à deux chiffres, simple et facile à retenir, qui résonne dans l'air comme un petit phare dans l'obscurité.

Quelques instants passent, puis, dans un souffle presque imperceptible, la porte s'ouvre à nouveau. L'homme, celui qui m'a guidée ici, me regarde d'un air apaisé.

– Ils se mettent en route, dans moins de deux heures ils seront là, annonce-t-il d'une voix posée. Vous avez eu de la chance de tomber sur cet homme gentil et compréhensif, qui a eu le bon réflexe de vous amener chez nous. Vous auriez pu tomber sur un sadique, et que serait-il advenu ?

Ces mots résonnent en moi comme un avertissement, mais ma naïveté me garde à l'écart de toute forme de peur. Je reste silencieuse, me perdant dans l'immensité de la situation. Je n'avais jamais réfléchi aux dangers qui m'entouraient, innocente, perdue dans mes rêves d'adolescente. Mais à cet instant, une part de moi se réveille. La peur pointe le bout de son nez, timide, mais certaine. Mes parents… Que vont-ils dire ? L'angoisse me serre la gorge en pensant à leur visage, à leur inquiétude sûrement dévorante. Que leur a-t-on dit ?

Qu'a bien pu leur expliquer la religieuse pour justifier mon absence ?

Lorsque mes parents arrivent enfin, c'est comme un soulagement immédiat. Ils m'ouvrent les bras, et une vague de chaleur m'envahit. Rassurés, ils me prennent dans leurs bras, m'embrassent, leurs mains tremblantes caressant mes cheveux.

– Qu'est-ce qui s'est passé ? Tu n'étais pas avec les autres ?

La voix de ma mère tremble légèrement, une question simple, mais lourde de sens. Je m'exécute, racontant d'une voix à peine audible le récit du zéro en dictée, de l'examinateur qui a mal prononcé, puis du succès des trois autres, ces élèves que la religieuse a complimentées si facilement, si mécaniquement.

– Elle ne s'occupait pas de moi, alors je suis partie.

Les mots se pressent sur mes lèvres, mais à quoi bon s'étendre sur ce passé qui semble déjà si lointain ?

– Ne t'en fais pas, tu l'auras quand même ton vélo, dit papa, sa voix pleine de tendresse, cherchant à me réconforter, à me remettre de mes tourments.

Les parents n'ont pas porté plainte contre celle qui a failli à son devoir de surveillance. Ils ne lui ont adressé aucun reproche, une décision qui m'étonne, moi qui aurais voulu voir une réaction plus forte, plus visible. Mais il y a quelque chose de plus subtil dans ce silence, comme une forme de sagesse. La fautive, quant à elle, a vite reconnu sa culpabilité, et le lendemain, c'est une autre religieuse qui vint nous rendre visite, sollicitant une discrétion totale sur l'affaire. Elle nous demanda d'étouffer l'incident, de ne pas faire de vagues. Afin de protéger l'établissement, bien sûr. Mes parents, dans leur bienveillance, acceptèrent. Personne ne sut jamais la vérité sur ma fugue, cette échappée furtive.

Les résultats sont tombés : deux élèves sur quatre avaient réussi du premier coup, la troisième repasserait l'oral en septembre, et moi, j'aurais à affronter à la fois l'écrit et l'oral. Les religieuses me donnèrent des cours de rattrapage pendant les vacances, mais j'avais l'impression de n'être qu'une simple case à cocher dans leur programme. Renée et Josette, elles, eurent droit à des cours d'espagnol accélérés, une chance, car elles allaient passer en seconde dans un établissement religieux de Rodez.

Quant à moi, les sœurs avaient décrété que je suivrais les cours ménagers, ces cours réservés à celles qui ne méritaient pas mieux. Le peu d'estime qu'elles semblaient me porter m'humiliait profondément. Elles ne me croyaient bonne qu'à cela : tenir une maison, repriser les chaussettes de mon mari, élever mes enfants, préparer des repas. Quelle vision réductrice de moi ! C'était insupportable. Une colère sourde montait en moi, une volonté de prouver ma valeur, de leur montrer que j'étais capable de bien plus. Il fallait leur donner une bonne leçon, leur prouver qu'elles avaient tort, qu'elles se trompaient sur toute la ligne.

Chapitre 23
Les années de pension

Après avoir obtenu mon diplôme du BEPC, début septembre, une vague d'émotions contradictoires m'envahit. D'un côté, il y avait la fierté d'avoir franchi cette étape importante, mais de l'autre, une anxiété sourde face à l'avenir. Papa, soucieux de ma réussite, s'adressa à l'instituteur, Monsieur Verdeil, pour lui demander conseil. D'un ton calme, presque rassurant, il répondit :

– Ne vous tracassez pas, je m'occupe de son inscription au lycée.

Je n'osais pas y croire. L'idée que mes études ne s'arrêteraient pas là me remplissait d'une joie timide. Quelques jours plus tard, le verdict tomba : j'étais inscrite au lycée d'Albi en classe de seconde, dans une nouvelle section qui, au lieu de la traditionnelle deuxième langue vivante, proposait des sciences naturelles. Quel soulagement ! Enfin, une porte s'ouvrait devant moi, et surtout, ma méconnaissance de l'espagnol ne serait pas un frein à mon avenir. Cela m'apparaissait comme un beau pied de nez aux religieuses et à leur vision réductrice de ce que j'étais capable de réaliser. Je n'aurais pas à me plier à leur volonté, à leur image de l'élève.

Ainsi, je réalisais mon rêve de poursuivre mes études, d'aller plus loin, d'être plus qu'une simple fillette confinée à un petit monde. L'entrée au lycée d'Albi, situé derrière le théâtre, marquait un tournant. C'était un lieu mythique, comme un théâtre de ma vie où, chaque jour, je jouerais un nouveau rôle, où je serais moi-même, loin de l'influence des sœurs. La perspective de me libérer de cette emprise était libératrice, mais elle n'était pas sans son lot de mélancolie.

En quittant l'école Saint-Joseph pour entrer au lycée, je perdais peu à peu le contact avec mes copines. Elles, qui restaient là, ancrées dans cette petite ville, prêtes à reprendre l'activité commerciale de leurs parents. Pourquoi s'étaient-elles senties obligées de le faire ? Elles ne semblaient pas avoir d'autre choix, et ce choix-là, plus que tout autre, me frappait de plein fouet. Quant à moi, j'avais bien renoncé à prendre la succession des miens. C'était un poids que je n'avais pas voulu porter, et pourtant, la question de la succession restait suspendue entre nous, sans jamais être vraiment abordée.

Un fossé s'est creusé entre nous, un fossé silencieux, mais profond. Peut-être m'enviaient-elles, ces amies d'enfance. Elles, si attachées à leur monde, si liées à leurs familles et à cette vie toute tracée. Moi, j'avais eu la chance, ou peut-être le courage, de m'échapper. Peut-être que leur regard sur moi avait changé. Elles ne comprenaient pas cette liberté, cette envie de voler de mes propres ailes, de partir à la conquête d'un ailleurs, d'une autre vie, bien loin de la routine quotidienne. En devenant une jeune fille de la ville, je devenais aussi, malgré moi, un symbole de ce qu'elles n'avaient pas pu être. La culpabilité de cette différence m'envahissait parfois, mais je ne pouvais m'empêcher de ressentir qu'elles avaient pris un chemin qu'elles n'avaient pas choisi, tout comme moi, un jour, j'avais dû choisir le mien.

Une page se tournait sur mon enfance, une époque révolue, et je ne pouvais m'empêcher de regretter certains de ces moments, ces jeux, ces rires partagés, ces complices d'une époque simple. Mais une porte s'ouvrait sur l'inconnu, un monde nouveau, inconnu et intimidant, qui me séparerait de mes parents. Je partais pour la ville, pour cet endroit où tout semblait possible et où, malgré ma volonté de m'émanciper, j'allais me retrouver face à un autre type de dépendance, celle de l'institution, des attentes sociales. Mais une certitude se faisait jour : j'étais en route pour devenir celle que je choisirais d'être.

« Enfin, Mamy va réaliser son rêve et suivre ses études, comme sa copine Renée. » La perspective de cette séparation s'abat sur sa mère avec une lourdeur accablante. Depuis toujours, elle a chéri son unique enfant, la coiffant délicatement, l'habillant avec soin comme une poupée précieuse. Chaque moment passé à ses côtés était un acte de protection, une façon de garder sa petite fille contre le monde extérieur. Les voyages scolaires qui excédaient une journée avaient toujours été un non catégorique ; tout cela lui semblait trop risqué. Comme elle allait lui manquer, cette enfant qu'elle avait tant protégée ? Un gouffre béant s'ouvre sous ses pas, et elle se sent perdue dans une mer de sentiments contradictoires. Elle ne comprend pas sa décision, la redoute même, et se répète, comme un mantra désespéré : « Elle ne nous aime plus ». Elle essaie de se convaincre, de justifier son chagrin par un sentiment de trahison. C'est une manière pour elle de se détacher de celle qu'elle considère désormais comme une ingrate, un reproche muet qu'elle se fait à elle-même.

Son père, en revanche, fait preuve d'une tout autre attitude. Il est fier, presque ému, de l'ambition de sa fille, de son projet.

– Laisse-la faire, elle a de l'ambition, tu vois bien qu'elle n'est pas faite pour être commerçante.

Ses mots résonnent dans l'air, un appel à la compréhension qu'elle peine à saisir. Mamy, avec une tendresse infinie, m'a raconté ses craintes. Elle redoutait le contact avec les clients, cet engagement qui la forçait à s'ouvrir aux autres, et, chaque fois que ses parents lui ordonnaient de garder le magasin pendant qu'ils allaient photographier des noces à la campagne, elle s'enfermait dans une angoisse secrète. Elle attendait que le ronflement du moteur de la voiture disparaisse pour vite fermer la porte à clé, pensant que les clients reviendraient d'eux-mêmes, comme par magie. Elle n'avait pas su prendre part à la vie commerciale, et cela la hantait.

Et voilà comment s'est déroulée la rentrée au lycée. Le trousseau réglementaire, minutieusement préparé, est prêt à être emporté. Le linge est marqué du numéro 11, comme l'impose l'école, et maman prend soin de le faire avec amour, veillant à ce que tout soit impeccable. Ce n'est pas une mince affaire : un matelas, un protège-matelas, deux paires de draps, un traversin, des couvertures à volonté, une enveloppe pour le linge de nuit, un dessus de lit en coton blanc, un rideau pour le vestiaire... La liste semble interminable. Trois chemises de nuit, quatre culottes, douze serviettes hygiéniques, quatre paires de chaussettes... Il y a aussi les gants de toilette, les serviettes, le nécessaire de toilette, et bien sûr, les chaussures, les gants, le béret bleu marine et même l'imperméable à capuchon. Tout est là, méticuleusement préparé. L'amour et l'angoisse se mêlent dans chaque geste de maman. Chaque objet fait partie de ce lourd bagage, une tentative de rendre cet éloignement plus supportable.

Le grand jour arrive enfin, un dimanche, avec la lumière douce de l'aube qui baigne le paysage. La 4 CV s'arrête devant le lycée, tout près du théâtre. Le concierge vient aider mon père à décharger le matelas, arrimé sur le toit de la voiture. C'est un moment chargé d'émotions contradictoires : je fais de mon mieux pour dissimuler ma propre émotion, bien que je sente le tremblement dans mes mains. Si je laissais mon cœur parler, on pourrait me voir comme une fille sans cœur, détachée de cette scène pourtant si poignante. Maman, elle, ne cache rien. Ses yeux brillent de larmes qu'elle ne retient plus, laissant éclater son chagrin. La rentrée à l'internat se fait dans un tourbillon de gestes pratiques et de formalités. Une surveillante vérifie si le trousseau est complet, et l'angoisse me serre la gorge à chaque objet passé en revue. Nous montons au dortoir, au second étage, dans un silence lourd, marqué par la fin d'une époque.

Les pas résonnent, lourds, comme un écho de tout ce que j'ai laissé derrière moi, tandis que je franchis ce seuil, non sans une étrange mélancolie. Ce n'est pas seulement un simple pas vers un nouvel environnement. C'est une rupture. Une séparation. Le début de la fin, ou peut-être la fin du début. Mais, quoi qu'il en soit, c'est un tournant, un moment gravé dans le marbre du temps, qui marquera à jamais ma vie.

C'est un dortoir interminable où s'alignent une cinquantaine de lits, disposés en trois rangées, chacun semblable à un autre, comme un long cortège silencieux. Le mien se trouve au centre de celle du milieu, un endroit sans particularité, mais qui, dans ce moment précis, me semble être le centre du monde. Maman fait mon lit pour une ultime fois, chaque geste empreint d'une tendresse infinie, comme si elle voulait saisir encore un peu de mon enfance. Le linge est déposé dans un casier avec une minutie presque douloureuse, tout cela dans un silence lourd, où les mots se brisent avant d'être prononcés. Je feins de ne pas voir les larmes qui ravinent les joues de maman, ces larmes qui semblent en creuser de nouvelles à chaque instant. Nous descendons dans la cour, sans un mot, et nous dirigeons vers la salle d'études.

Je n'oublierai jamais ce dimanche-là, lorsque, vers dix-huit heures, je franchis la porte de la salle où une quarantaine d'élèves sont déjà installées. Je prends la dernière place libre près de la porte vitrée, une place qui me coupe du monde, me plaçant dans une sorte de zone d'ombre où je me sens invisible et visible à la fois. Je ne tourne pas la tête vers maman, défigurée par le chagrin, mais je l'imagine très bien, là, derrière moi, espérant que je lui lancerai un dernier regard, un dernier sourire, quelque chose qui la rassure. Je me crispe, retenue par un nœud douloureux dans la gorge, pour contenir l'émotion qui monte, prête à éclater, mais je dois rester ferme, face à mes futures camarades de lycée.

Je ne vois pas mes parents partir, mes yeux sont fixés sur le sol, mais je les imagine, complètement déboussolés, leurs pas lourds dans la cour. Mon père tente de réconforter ma mère, secouée de sanglots, ses mots tremblants :

– Elle ne nous aime plus ! Elle ne veut plus de nous !

– Mais non, mais non, elle pense à son avenir, elle reviendra.

Leurs voix se mêlent à la clameur sourde du monde extérieur, mais moi, je n'entends plus que le bruit de mes propres pensées, un écho insupportable. Mes larmes coulent à l'intérieur, comme un torrent silencieux, et je serre les mâchoires pour cacher ma fragilité, pour ne pas trahir la moindre faiblesse devant ces filles en blouse rose, qui se sont retournées pour me dévisager, un regard curieux et presque acerbe.

La pionne sur l'estrade frappe trois coups secs sur la table, un bruit sec qui m'arrache à ma torpeur :

– Mesdemoiselles, reprenez votre travail !

Les têtes plongent de nouveau sur les livres, comme des âmes absorbées dans une mer calme, et moi, je reste là, figée dans l'instant, à la frontière entre l'enfance et l'inconnu.

Je compte une soixantaine de filles dans la même tenue réglementaire, cette blouse rose aux couleurs vives qui semble écraser le regard, et sur laquelle leur nom et prénom sont brodés au fil rouge, une inscription qui les rend immédiatement identifiables, mais aussi, d'une certaine manière, interchangeables. Pourtant, chacune de leurs ombres porte un secret, un passé qu'elles dissimulent sous ces tissus uniformes. Et moi, dans ce flot d'individualités masquées, je me sens à la fois noyée et solitaire, un petit détail perdu dans un vaste tableau.

La sonnerie stridente, comme un cri d'alarme, met fin à l'étude et, dans la cour, je me retrouve immédiatement assaillie de questions, des voix qui me parviennent toutes en même temps, avec l'urgence de celles qui cherchent à savoir :

– D'où viens-tu ? Quel est ton nom ? Dans quelle classe es-tu ?

Je réponds machinalement à toutes ces interrogations, comme une litanie, espérant que le flot des questions se tarira. Un sentiment de soulagement m'envahit lorsqu'une voix se distingue des autres, douce et calme, comme un rayon de lumière au milieu du tumulte.

– Je suis Yvonne, et je viens de Lacalm, près de Réquista. Je suis ici depuis la 6ème, et si tu as besoin de quoi que ce soit, n'hésite pas à me le dire.

Ses mots, simples, mais empreints de bienveillance, m'apaisent un peu. Me voilà passablement réconfortée, comme si, pour un instant, je trouvais un ancrage dans cette mer d'inconnus.

Puis, je rencontre Josette, qui a quelques années de moins que moi et qui semble déjà bien installée dans ce lieu. Elle est là depuis deux ans et m'explique d'une voix un peu précipitée, comme si elle avait l'habitude de répéter cette histoire :

– J'ai fréquenté l'école Saint-Joseph au village, mais après une mésentente avec les religieuses, mes parents m'ont envoyée ici.

Sa voix se fait plus basse, comme si l'évoquer la gênait. Je lui souris, lui assurant que je comprends sans avoir besoin de détails. Elle semble apprécier ma réactivité et, ensemble, nous nous mettons en marche vers le réfectoire.

Mises en rang, nous avançons en une longue file sur le trottoir, mes pas hésitants se mêlant à ceux des autres. Le réfectoire est vaste, presque froid dans sa grandeur, un lieu qui semble tout à la fois anonyme et imposant. Toutes les places sont prises, et je me retrouve seule à une table du fond, un peu déconcertée, comme une île perdue dans cet océan de visages inconnus. Des femmes de service en blouse blanche passent entre les tables, leurs chariots cliquetant sous le poids des assiettes, qu'elles remplissent avec une soupe de légumes épaisse, presque pâteuse. Puis, un carrelet de poisson frit, accompagné de pâtes plus ou moins collantes, qui n'ont aucune odeur particulière, et une compote de pommes pour le dessert, toute douce, mais sans grande saveur.

La salle est bruyante, emplie de voix qui se croisent et se superposent, une cacophonie ininterrompue. Lorsque le ton dépasse le niveau de décibels autorisé, une surveillante, qui mange à l'extrémité de la salle, se lève d'un coup, imposant son autorité d'un simple geste. La pièce se calme alors presque instantanément, comme si une vague avait traversé la salle.

Chacune de nous a un casier fermé à clé, où l'on dépose sa serviette de table et, parfois, des friandises :

confiture, biscuits, petites douceurs pour améliorer un quotidien qui, à cet instant, semble si terne. Une fois le repas terminé, les internes se retrouvent à nouveau dans la cour, où la nuit tombe lentement, mais sûrement, enveloppant tout le monde d'une sensation de calme et de mélancolie en ce début d'automne.

Je suis de nouveau entourée, cette fois d'un cercle de regards curieux, d'observations innocentes, mais qui me brûlent la peau.

– Regardez, elle a les yeux de Michèle Morgan !

Et toutes se pressent autour de moi, les yeux écarquillés, comme pour mieux scruter cette ressemblance, à la fois surprenante et flatteuse.

– Oui, c'est vrai, elle a les yeux de Michèle Morgan !

Je rougis sous le poids de ces regards qui se posent sur moi, et je me sens soudainement vulnérable, comme une étoile qui brille, mais qui aurait aimé s'éteindre. Le rouge me monte aux joues, une chaleur gênée qui me prend aux tripes. Mais heureusement, la sonnerie retentit à nouveau, coupant net l'agitation. Le rang se met en marche, et je me glisse, discrète, dans la file qui monte l'escalier. Le chemin semble interminable, mais je me sens soudain un peu plus légère, comme si l'ombre de ce regard insistant venait de se dissiper. Nous arrivons au second étage, et je me dirige vers le dortoir, un peu plus seule, mais cette solitude me semble plus douce maintenant, comme une vieille amie familière.

Je fais la connaissance des filles avec qui, désormais, je partagerai mes nuits, mes rêves et mes silences. Depuis mon entrée à l'internat, j'ai tenu bon, portée par une sorte de discipline imposée : en étude, dans la cour, au réfectoire, je reste impassible, concentrée, en contrôle. Mais une fois dans mon lit, toutes les lumières éteintes, le souffle lourd et les ombres pesantes, c'est là que tout m'envahit. Après avoir répondu d'une voix monotone « bonsoir » à la surveillante de ronde, la porte se referme dans un claquement sec, et je craque. Oui, je craque enfin. Mes épaules se secouent sous le poids de la douleur et de la solitude, la tête enfouie sous l'oreiller pour étouffer les pleurs. Mais ils ne s'effacent pas, bien au contraire, mes sanglots se font plus bruyants, plus désespérés. Ils traversent l'espace du dortoir comme des vagues sourdes, mais les autres, comme des fantômes dans la nuit, ne semblent rien entendre.

Soudain, près de moi, une voix, douce et rassurante, se glisse dans l'obscurité. À peine un souffle, un murmure qui me frôle l'âme :

– Ne pleure pas, c'est toujours comme ça la première fois.

Ces mots, venus de nulle part, comme un éclair de lumière dans l'obscurité, m'apaisent instantanément. Ce n'est pas moi seule qui suis effondrée. D'autres, ici, ont vécu cette même épreuve, cette séparation brutale d'avec le cocon familial. N'étais-ce pas mon choix, pourtant ? N'était-ce pas moi qui avais demandé à être interne, moi qui m'étais infligée cette épreuve douloureuse, ce saut dans l'inconnu ?

Oui, j'aurais pu rester auprès de mes parents, dans le petit commerce familial, dans la chaleur rassurante de notre maison. Mais j'avais choisi une autre voie, une voie plus sombre, peut-être, mais aussi plus pleine de promesses. Alors, je me répète doucement :

– Allons, du courage. Ce n'est qu'un passage, tout va finir par aller.

Et lentement, peu à peu, la nuit me prend dans son étreinte. Je ferme les yeux, le cœur lourd, mais apaisé par cette voix mystérieuse qui résonne encore dans ma tête. Et je m'endors, le visage humide, mais l'esprit un peu plus calme.

Je souris dans mon sommeil.

« Oui, tu as eu du courage, Mamy, de quitter tes parents et ce nid douillet pour partir faire des études ! Tu devais être pleine de détermination, pleine de rêves ! »

Mais même en pensant cela, un petit pincement me serre la poitrine. C'était une autre époque, mais les mêmes peines, les mêmes espoirs, les mêmes questionnements.

Plus tard, j'ai appris que la voix consolatrice venait d'une grande fille surnommée « La Mélou ». Une élève un peu mystérieuse, un peu à l'écart des autres, mais toujours là dans les moments cruciaux. C'était elle, la grande sœur silencieuse, celle qui savait écouter sans juger, celle qui murmurait des paroles de réconfort comme un ange bienveillant, mais sans jamais se montrer vraiment. Elle, la Mélou, semblait comprendre mieux que personne ce que c'était que d'être perdue dans ce nouveau monde, loin de tout ce qu'on avait connu.

Le lendemain, le réveil est brutal. Un cri de la sonnerie, un bond hors du lit, et je me retrouve à faire la queue devant le lavabo, une sorte d'auge métallique qui occupe toute la largeur de la pièce. Chacune, savonnette en main et serviette sous le bras, attend son tour, tandis que d'autres s'affairent à faire leur lit, un geste mécanique, une sorte de rituel matinal. La pionne, imposante dans son uniforme, donne l'exemple : torse nu, elle laisse ses seins se dévoiler de manière presque impudique, sans gêne, tout en se savonnant vigoureusement sous l'eau froide. Je m'y ferai, à cette eau glacée, même si mes dents se serrent un peu à chaque éclat d'eau.

Pour la toilette intime, des cabines étroites, aux parois de métal froid, sont équipées de bidets. L'air est piquant, et les filles se poussent pour avoir une place, piétinant de froid et de frustration dans l'étroit espace.

Je partage mon casier à linge avec une bêcheuse, une fille de Graulhet, qui me toise sans un mot. Elle me considère avec dédain, me prenant pour une campagnarde de Réquista, et me snobe ouvertement, comme si tout l'orgueil du Tarn se trouvait dans son regard hautain.

Puis, c'est la descente bruyante de l'escalier pour le petit déjeuner. Le bruit des pieds résonne comme une sorte de rituel bruyant, nerveux. Thé, café ou chocolat, servis avec du pain grillé et une fine couche de beurre. Le tout est avalé en silence, chacune perdue dans ses pensées.

C'est lundi, jour du début des cours. Je suis en seconde M', une section récemment créée pour celles qui n'ont qu'une seule langue vivante à leur actif, une aubaine pour moi, car la seconde langue vivante sera remplacée par des sciences naturelles. Je vais étudier les invertébrés, un programme que je trouve étrange, mais excitant.

La journée commence par le cours de français, dans une salle exiguë où quarante élèves s'entassent, la plupart étant des externes. La prof, installée au bureau, semble totalement indifférente à notre présence. Elle fait l'appel sans lever les yeux, scrutant son cahier comme si nous étions tous invisibles. Quand elle arrive à mon nom, elle daigne enfin me repérer au fond de la salle et lance froidement :

– De quel CEG venez-vous ?

– De celui de Réquista.

Je n'ose pas préciser que je viens d'une école libre.

– Ah ! répond-elle d'un ton acerbe, depuis quand y a-t-il un CEG là-bas ?

Je sens l'ironie dans sa voix, et je comprends qu'elle sait déjà que je viens d'une école religieuse.

– Vous venez de l'Aveyron, pourquoi ne pas y être restée ? Nous avons largement de quoi remplir les classes ici, dans le Tarn, dit-elle, sur un ton sec, presque dédaigneux.

Rouge de honte, je baisse la tête, un sentiment de culpabilité me piquant le visage comme une brûlure.

« Voilà que ça commence mal pour Mamy, qui déteste se faire remarquer ! » me dis-je intérieurement, en espérant que la journée prendra une tournure plus douce.

Les écoles religieuses étaient la bête noire des institutions laïques !

L'appel terminé, la prof, avec son air de supériorité tranquille, demande aux élèves de l'année précédente de réciter des tirades du *Cid*. Les élèves s'exécutent volontiers, certains avec un enthousiasme évident, d'autres avec la nonchalance propre à ceux qui ont baigné dans les classiques dès leur plus jeune âge. Je me recroqueville sur ma chaise, redoutant d'être appelée. Le *Cid* ? Je n'en ai jamais entendu parler. Pour les religieuses, le français se bornait à l'orthographe, à la grammaire, à la conjugaison et à la rédaction. Jamais un mot sur les grandes œuvres littéraires, les auteurs du programme de troisième étaient pour moi des ombres lointaines. Corneille, Molière, Racine, tous m'étaient inconnus, des noms vides de sens. L'interrogation continue, et cette fois c'est la Mythologie.

– Qui était Éole ? Les doigts se lèvent avec enthousiasme.

– Qui était Éros ? Les élèves frétillent sur leurs chaises, impatientes de donner une réponse.

Je suis pétrifiée. Je ne connais rien à la Mythologie, cette matière qui a été bannie dès la sixième, rejetée comme une hérésie dans mon école, où il ne pouvait y avoir qu'un seul Dieu. Et voilà, une fois de plus, l'ampleur des lacunes de mon savoir. Je me sens presque démunie face à la richesse de ce monde qui m'est étranger.

Les cours se succèdent, avec un changement de classe pour les mathématiques. Je suis au 3e rang. Les tables sont disposées sur des gradins, ce qui permet au professeur de voir toutes les têtes.

– Vous là-bas, avec vos grands yeux dans le vide, n'occupez pas deux places de ministre !

C'est moi qu'elle interpelle ainsi, son ton sec et moqueur résonnant dans la salle. Je devine qu'elle a repéré mon air absent, sans doute parce que je viens d'une école privée, du département voisin, une petite campagnarde qui n'a rien à voir avec ce monde où la compétition règne. Ce sera dur pour moi d'être acceptée par les profs, de faire ma place dans ce système.

Puis, c'est le cours d'éducation physique. Une trentaine de filles présentent un certificat médical de dispense. La prof, impassible, ne semble pas s'étonner. Finalement, 10 élèves sur 40 suivent le cours, tandis que le reste du groupe regagne l'étude avec une satisfaction non dissimulée. Moi, je n'ai pas de certificat et je m'apprête à m'y consacrer pleinement. J'aime le sport, et c'est dans ces moments-là que je me sens vivante, loin des tensions et des jugements.

Voici maintenant le cours de géographie. La prof, au chignon roulé en boule comme une pelote de ficelle, entre dans la salle. Elle est une légende parmi les élèves, une harpie redoutée de toutes les anciennes. Elle est proche de la retraite, mais son regard acéré et son autorité glaciale n'ont rien perdu de leur tranchant. Je découvre que cette terreur ne rend jamais les copies des interrogations écrites. Les élèves ne savent donc jamais d'où vient la note inscrite sur leur bulletin. Aucun murmure, personne ne conteste, car tout le monde sait que se frotter à elle est une épreuve qu'il vaut mieux éviter.

Elle commence chaque cours en scrutant la liste des noms, son stylo noir traçant des arabesques lentes et implacables.

Les élèves, le ventre noué, observent avec terreur le bout du stylo qui court sur le papier. Sur quel nom va-t-il s'arrêter ? Parfois, pour prolonger le supplice, le stylo remonte, sadique, vers le sommet de la liste, là où les premières de la classe se pensent à l'abri. Mais rien n'est jamais certain, et toutes, les lèvres serrées, attendent leur tour avec anxiété.

Puis la prof prononce enfin un nom, d'une voix glacée. Le cœur de l'élève appelée cesse de battre, elle se lève, pâle, comme une condamnée se dirigeant vers son supplice. Ses camarades, quant à elles, laissent échapper un soupir collectif de soulagement, mais un soupir qui ne dure qu'un temps, jusqu'à la prochaine fois. Ce système, impitoyable, me fait penser à un cercle infernal où chaque élève, qu'elle le veuille ou non, devra affronter sa propre vulnérabilité, sa propre peur, dans un silence lourd de jugement.

L'interrogation devient un véritable prétexte pour déverser sa bile sur l'élève, qui tremble de tous ses membres. Sa peur, palpable, excite la prof, et son autorité devient un terrain d'abus.

– Ôtez les mains de vos poches ! Mettez-les derrière le dos, tenez-vous droite, espèce de chair à canon ! crie-t-elle, sa voix tranchante comme un fouet.

Pourquoi cette cruauté envers des jeunes filles à peine sorties de l'enfance ? Mon cœur s'emballe, mes paumes deviennent moites, et un frisson glacé me parcourt l'échine à l'idée de mon propre passage au tableau.

Ici, personne ne semble se soucier de nos sentiments, de nos peurs. Tout n'est qu'une question de discipline, de soumission aveugle à l'ordre instauré.

Enfin, la dernière heure arrive : le cours d'anglais. Une infirme, dont la fragilité n'échappe à personne, entre en roulant lentement son fauteuil. Elle est poussée par une autre personne, aussi âgée qu'elle. Le fauteuil est positionné derrière le bureau, orienté de manière à tourner le dos au tableau. Une scène qui semble presque irréelle, figée dans le temps.

Après l'appel, la prof s'adresse aux élèves dans un anglais qu'elle parle avec un accent si fortement marqué par l'occitan qu'il en devient presque incompréhensible. Pour moi, qui n'ai jamais vraiment entendu l'anglais, cela ne me gêne guère.

– Mademoiselle Delmas, passez au tableau pour écrire la date, ordonne-t-elle d'un ton détaché.

L'élève, bien que tremblante, s'exécute sans un mot, mais la prof ne se retourne même pas pour vérifier si tout est en ordre. Son handicap la condamne à un immobilisme impuissant, et son seul geste est de lever ses mains tremblantes vers son visage pour réajuster ses lunettes, dans un mouvement de fragilité infinie. Elle fait de son mieux, mais sa posture, presque figée, en dit long sur ses limites, son incapacité à interagir pleinement avec ses élèves.

Puis le cours continue, mais mon angoisse monte en flèche, car je sais que je vais être interrogée. Le silence dans la salle me pèse comme une chape de plomb. Quand la question est posée, je ne comprends rien, tout me semble flou, confus. Ma voisine, voyant ma panique, me souffle discrètement la réponse à l'oreille. Je répète en lui faisant confiance, une confiance fragile, qui me laisse à peine un instant pour respirer. *Je vais encore avoir du retard à rattraper dans cette matière*, me dis-je, en me sentant sombrer un peu plus dans l'incompréhension.

Enfin, les cours prennent fin, et les externes laissent leur blouse rose dans le vestiaire qui leur est destiné, avant de s'apprêter à partir. Leurs visages se détendent, retrouvant leur légèreté après les épreuves du jour. Le concierge ouvre le portail qui donne sur la rue, et un souffle d'air frais pénètre la cour. Je m'approche doucement.

À travers la grille, je tente d'apercevoir les passants, les maisons de l'autre côté, un monde qui semble si lointain, si différent du nôtre. *Je suis prisonnière dans ce bahut*, me dis-je, une pointe de mélancolie dans la voix de ma pensée. Là, dehors, tout semble continuer sans moi, alors que je reste ici, confinée entre ces murs qui résonnent encore de cris et de regards inquisiteurs. Le monde au-delà de la grille, les maisons d'en face, semblent appartenir à un univers parallèle, celui des autres, de ceux qui vivent librement, sans la peur d'être constamment jugés, sans cette angoisse de ne jamais être à la hauteur.

À quatorze heures, le cours de sciences naturelles commence. Un vaste programme qui débute par l'étude minutieuse de la cellule, pour s'étendre ensuite sur les invertébrés et les végétaux. Un mélange de fascination et d'effroi m'envahit à l'idée de ces petites créatures invisibles à l'œil nu, qui peuplent notre monde sans qu'on les remarque.

Puis, enfin, une touche de lumière parmi les ténèbres des autres matières : la prof de chimie. Elle arrive, souriante, dans sa blouse blanche qui semble incarner une forme de sérénité et de bienveillance. Elle attire immédiatement la sympathie. Elle est nouvelle dans le lycée, jeune et dynamique, avec une énergie qui contraste tellement avec le reste de l'établissement. Ses cours sont un vent de fraîcheur, et les élèves, en général réticentes, sont disposées à les suivre avec plaisir. L'alchimie opère, et pour un instant, je me sens presque en paix avec cet endroit.

Vient l'heure du goûter, ce moment sacré de la journée. Nous nous rangeons en file indienne sur le trottoir qui mène au réfectoire, chacune avec sa pensée, son regard un peu ailleurs, perdu dans la brume de l'après-midi. Sur le pas de la porte, une femme de service nous attend, tenant dans ses bras deux corbeilles débordant de petites douceurs : des petits pains tout juste sortis du four, des pâtes de fruits aux couleurs vives, des barres de chocolat qui fondent à la chaleur de nos mains. Le parfum sucré de ces délices se mêle à l'air froid, comme une promesse de réconfort. Sur les tables, des pichets en aluminium sont remplis de boissons chaudes : thé, lait, chocolat, pour nous réchauffer. C'est une sorte de petit bonheur quotidien, presque un rituel, où les élèves se pressent, les yeux brillants.

Puis arrive l'heure de l'étude. Ce moment où le calme, lourd et pesant, s'installe. C'est une routine, une mécanique qui se met en place sans grands changements. Les visages se tournent vers les livres, mais les pensées restent vagabondes, loin des devoirs et des contraintes. La classe semble suspendue dans une sorte d'apesanteur, les secondes s'étirent, lentes, interminables.

Chaque mois, nous avions droit à une sortie chez nous pour ramener notre linge sale, en particulier les draps. Ce moment était un peu comme une bouffée d'air frais, un retour à la maison, même si, étrangement, à chaque fois, je me sentais un peu plus distante de cet endroit. Je suivais ma copine Yvonne, traînant derrière moi sa valise, le cœur partagé entre l'excitation de retrouver ma famille et la sensation étrange de me retrouver, à chaque fois, un peu plus déconnectée de ma vie d'avant. Dans le car qui nous ramenait à Réquista, je retrouvais d'autres pensionnaires, des garçons, mais, comme d'habitude, nous ne nous adressions pas la parole. Nos existences semblaient parallèles, jamais vraiment croisées.

À l'arrivée, Maman m'attendait toujours avec cette joie, les bras grands ouverts pour me retrouver après ces trois semaines d'absence. Elle était si heureuse de me voir que son sourire en disait plus long que mille mots. Pourtant, dès que je posais le pied à la maison, je ressentais une étrange sensation. C'était comme si le temps avait filé à une vitesse folle et que je ne faisais plus partie de ce monde. Je retrouvais ma chambre, mais elle semblait différente, presque irréelle, comme si elle appartenait à une autre époque. Mes parents, avides de nouvelles, me bombardaient de questions, cherchant à savoir comment s'étaient passés mes débuts, mais je sentais que leurs paroles glissaient sur moi, ne parvenant pas à briser ce mur invisible qui s'était érigé entre nous.

Maman, dans sa tendresse habituelle, préparait ma valise pour le retour, y ajoutant quelques gâteries.

– Pas trop, maman, tu sais bien qu'on va me les voler.

Elle levait un sourcil, l'air étonné :

– Te les voler ? Mais ton casier ne ferme pas à clef ? Tu as perdu ton cadenas ?

Je secouais la tête, un sourire nerveux sur les lèvres.

– Ce n'est pas ça, maman, mais je risque de faire des envieuses et je serai obligée de partager.

Elle haussait les épaules, comme si cela n'avait aucune importance, mais je savais que dans ce monde, chaque petit plaisir pouvait devenir une source de convoitise. Une fois encore, je me sentais à la fois protégée par la tendresse maternelle et prisonnière de ce monde clos, où la moindre douceur semblait se transformer en une source de jalousie et de tensions.

Le week-end chez mes parents me semblait interminable, comme une longue pause imposée entre deux mondes. J'avais hâte de retrouver le lycée, de reprendre le rythme de la semaine, même si cela signifiait retourner dans ce lieu où je me sentais si étrangère.

Le lundi matin, l'angoisse du retour se mêlait à l'excitation de la routine familière. Maman se levait à 6 heures, fidèle à son habitude, et tenait à m'accompagner jusqu'au départ du car, sur la place Flavin, malgré la fraîcheur matinale. La lumière tamisée de l'aube, les bruits discrets du village encore endormi, me rappelaient à chaque fois combien le monde autour de moi semblait petit et clos.

Lorsque le vent froid balayait la place, Madame Blanc, qui tenait le café, nous invitait toujours à rentrer dans la salle chaleureuse, où l'odeur du café frais se mêlait à celle du pain chaud. La chaleur du lieu était un réconfort silencieux, une douce parenthèse avant le départ. Pourtant, ce geste de bienveillance me mettait mal à l'aise. J'étais la seule à être accompagnée par ma mère, et cela me gênait un peu, surtout devant les autres, les autres qui prenaient le car seuls, sans ces gestes tendres, mais aussi trop visibles.

Parfois, le dimanche, mes parents venaient me chercher pour me faire sortir, pour passer un moment avec moi. Mais je n'étais pas toujours enchantée. J'avais l'impression qu'ils me volaient quelque chose : la liberté de la promenade en compagnie de mes copines. Je les sentais comme une sorte de chaînes invisibles qui m'empêchaient de m'échapper dans ce monde d'amies. Pourtant, je n'osais jamais leur dire de ne plus venir, de ne plus me priver de ces moments que je chérissais, de peur de leur causer du chagrin. Leur amour me pesait parfois, lourd comme un fardeau, mais c'était un fardeau que je portais en silence, sans jamais oser me révolter contre lui.

À l'école, mes camarades m'enviaient. Ils parlaient souvent de mes parents et de la 4 CV qu'ils possédaient. Leurs regards brillants étaient toujours tournés vers moi, avec l'éclat de l'envie. Leur propre situation, où leurs parents n'avaient même pas de véhicule, les plaçait dans une position d'infériorité, et moi, je devenais malgré moi l'objet d'une admiration silencieuse. Je faisais figure de fille de riche, et chaque fois que je parlais de la télévision, de notre poste flambant neuf, je ressentais un malaise grandir en moi.

C'était mon père, un bricoleur ingénieux, qui avait installé la télévision chez nous. Il avait monté lui-même son récepteur, un véritable exploit technique. Il passait ses dimanches, souvent de longues heures, sur les hauteurs autour de Réquista, cherchant à capter les images de l'émetteur de Bourges. Le processus était long, incertain, mais les premiers essais furent encourageants. Le bonheur de voir ces premières images floues, presque irréelles, apparaître à l'écran dans notre salon était un moment de triomphe silencieux, une petite victoire pour mon père.

Mais ce n'était qu'un début. Plus tard, grâce à une antenne plus sophistiquée, il parvint à capter de manière stable les images chez nous, avenue de Rodez. Chaque amélioration était une nouvelle victoire pour mon père, mais aussi une nouvelle source d'émerveillement pour moi, bien que cela m'éloignait un peu plus de l'univers de mes camarades. Lorsque je racontais à mes copines du lycée que j'avais un poste de télévision chez moi, leur étonnement était palpable. Je devais leur expliquer ce qu'était ce récepteur, leur décrire ce processus étrange qu'était l'installation d'un poste à une époque où la télévision semblait être un luxe réservé à quelques privilégiés. C'était comme si je leur parlais d'un objet venu d'un autre monde, d'un rêve technologique qu'elles ne comprenaient pas entièrement.

Les soirs d'été, lorsque la propagation était favorable, mon père devenait un héros local. Il se faisait un plaisir de partager les images captées avec les voisins qui se pressaient, curieux et impatients, dans la cour de notre maison. Là, autour du petit écran, la magie de la télévision naissait sous leurs yeux. Les premières émissions, encore fragiles et parfois déformées, suscitaient un enthousiasme sans pareil. Grâce à mon père, Réquista devint le premier village d'Aveyron à capter les images de la télévision. Cet exploit technique, longtemps commenté et admiré, lui valut même un bel article dans *La Dépêche*, avec de grandes photos et des citations élogieuses. C'était une reconnaissance qu'il accueillait avec une fierté discrète, sans fanfare, comme un homme qui ne cherche pas l'attention, mais qui l'accepte lorsqu'elle se présente.

Malgré cet exploit, mon propre quotidien au pensionnat semblait bien plus compliqué à appréhender. L'adaptation à la vie communautaire, avec ses règles rigides et son absence d'intimité, se révélait bien plus difficile que je ne l'avais imaginé. Pourtant, je trouvais refuge dans les petites joies de l'apprentissage. Peu à peu, mon plaisir de découvrir de nouvelles choses, de m'échapper par le savoir, prit le dessus. Je tentais d'oublier les désagréments du pensionnat, ces petites humiliations quotidiennes, en me plongeant dans les livres, en imaginant des histoires fantastiques. Ce qui était à la fois mon échappatoire et mon moteur.

Petit à petit, affranchie de ma timidité maladive, je pris une place plus grande parmi mes camarades. Je passais du statut de fille effacée à celui de chef de bande, entraînant mes copines dans mes divagations romanesques. Je les propulsais dans des univers que je façonnais à partir des films que nous allions voir ensemble ou que j'avais déjà vus. Je leur parlais de mes nombreux correspondants et correspondantes qui les rendaient admiratives à mon égard. Ces après-midi où la pluie battait contre les fenêtres du réfectoire et où l'ennui s'instillait comme un poison, étaient des occasions pour moi de briller, de faire rire. J'avais trouvé ma place dans ce groupe, et j'en prenais désormais possession avec assurance.

J'avais décidé de nous initier au judo et à l'aide d'un manuel, nous faisions des prises entre deux lits le soir avant de nous coucher.

J'avais une autre fois décidé ma copine à faire la grève de la faim pour voir combien de jours nous pourrions tenir. Cette aventure s'est terminée chez moi, un WE avec une faiblesse qui a provoqué une visite du docteur. « 6 de tension ! Qu'avez-vous fait ? »

Pas de réponse. Il était étonné de me voir encore debout.

L'étude, un moment où la discipline s'effritait souvent, était devenue mon terrain de jeu. Je me dissipais allègrement au fond de la salle, amusant mes camarades avec mes petits tours. Un jour, la pionne, comme pour me punir de mes bavardages incessants, me fit passer au premier rang. Mais cela ne me découragea pas. Bien au contraire, j'y voyais l'opportunité de mener de nouvelles folles initiatives. Espiègle et créative, je décidai de décorer l'intérieur de mon pupitre. J'y avais collé une photo géante d'Einstein, la langue tirée dans une grimace impertinente. Avec un fil subtil, j'avais conçu un mécanisme qui permettait à sa langue de sortir et d'entrer à volonté. La première fois que je soulevai le couvercle du bureau, l'hilarité éclata. Les élèves, postés derrière moi, n'arrivaient plus à se contrôler. Le rire se propagea comme une onde de choc dans la salle, et la pionne, rouge de colère, tapa énergiquement avec sa règle sur sa table pour tenter de faire revenir le silence. Mais le calme ne revint que lorsque je refermai le bureau, permettant à Einstein de retrouver sa dignité. Elle s'appelait Madame Sicart, mais dès ce jour, je la surnommai dans ma tête « trois demis », en hommage à sa sévérité mal maîtrisée et à son air de frustration constante.

Quarante adolescentes par classe, un nombre effrayant lorsqu'il s'agit de maintenir l'ordre, surtout dans les années cinquante, quand l'envie de s'amuser était à son comble. Je me souviens d'un jour où, en cours de mathématiques, nous avons fait le bourdon en représailles à la punition injuste infligée à l'une d'entre nous. Ce fût un moment de pure rébellion, un murmure sourd qui monta dans la salle, se transformant en un vrombissement à peine contenu, à mesure que le calme régnant se brisait. La prof, prise de court, ne parvint qu'à nous regarder, son visage entre la stupeur et l'impuissance. La tentative de nous réduire au silence échoua.

Lors du cours suivant, en chimie, la tension montait encore. Au signal de notre meneuse, comme une seule entité, nous nous glissâmes sous les tables. La prof, interloquée, resta un instant sans voix avant de réagir... en riant. C'était une réaction inattendue, un éclat de rire face à notre audace, comme si elle se rendait compte que notre esprit de rébellion ne pouvait être contenu par des méthodes d'enseignement classiques.

Le soir venu, au réfectoire, la monotonie du menu, identique chaque jour, poussa notre frustration à son comble. Nous décidâmes d'une grève de la faim, mais plus que de nous priver de nourriture, c'était un acte de résistance, un cri contre la répétitivité, la lenteur de l'autorité à prendre nos besoins en considération. Nos assiettes se vidaient sur la table, du hors-d'œuvre au dessert, chaque bouchée gâchée devenait une déclaration. La Directrice, avisée par nos vociférations, s'approcha pour tenter de calmer la révolte, mais ses paroles se perdaient dans l'air froid du réfectoire, sans effet. Dans la cour, l'hiver rigoureux avait gelé les stocks de pommes de terre et de carottes, ajoutant à l'absurde situation une touche de cruauté. Le matin suivant, gants, serviettes de toilette, tout était gelé dans le dortoir, tandis que l'eau avait déserté les lieux. Les conditions climatiques, extrêmes et pénibles, entraînèrent une crise de manque d'hygiène et de nourriture, obligeant la fermeture temporaire du lycée. Cela offrit aux internes la possibilité de rentrer chez elles et aux esprits, de se calmer durant trois jours.

De 5 à 7, la rigueur semblait s'effacer. Nous nous divertissions comme nous pouvions, bien que l'étude en fût parfois perturbée. Les deux fenêtres du rez-de-chaussée donnaient directement sur la rue, et chaque soir à 18 heures, la tranquillité se brisait avec l'arrivée des jeunes voyous. Ils se pendaient aux barreaux des fenêtres, faisant des grimaces de singes, leurs voix pleines de défis. « Hé ! Là-bas, la petite blonde aux yeux bleus, veux-tu sortir avec moi dimanche ? » lança l'un d'eux, un sourire malicieux aux lèvres. La cible, confuse, rougissait et ne savait plus où se mettre, un mélange de gêne et d'irritation dans les yeux. La pionne, indignée, menaça de punir celles qui lèveraient les yeux de leurs livres, mais cela n'arrêta en rien les garçons, qui redoublèrent d'invectives et de quolibets, jusqu'à ce que même la surveillante en devienne une cible. De guerre lasse, elle envoya une élève chercher le concierge. Ce dernier arriva en traînant des pieds, tout en riant de bon cœur des facéties des jeunes.

« J'appelle la police si vous ne partez pas immédiatement », lança-t-il, d'un air faussement sévère, avant de se rendre compte qu'ils avaient déjà disparu, effrayés par la menace. Mais cette scène, si familière, se répétait plusieurs fois par semaine. Un problème que personne ne semblait prendre à cœur de résoudre : installer des rideaux aux fenêtres. Ce geste simple aurait suffi à préserver notre tranquillité. Mais personne n'y pensa, et la vie continua.

Un soir, alors que le silence pesant de la nuit commençait à s'installer, une dizaine de conscrits, que nous avions déjà repérés à la fenêtre de l'étude, trouvent le moyen de pénétrer dans le dortoir, comme des ombres furtives. L'excitation se répand parmi nous comme un souffle brûlant. Les lumières ne sont pas encore éteintes, les murmures sont encore permis. C'est alors qu'un garçon, puis deux, puis trois, quatre... arrivent en silence, avançant à pas de loup, leurs doigts pressés sur leurs lèvres dans un geste d'alliance. Un frisson de joie nous parcourt. Ils sont là, enfin.

La surveillante, interloquée par leur audace, ne réagit pas immédiatement. Trop tard. En un clin d'œil, la porte s'ouvre dans un grincement à peine perceptible. Leur manœuvre est un chef-d'œuvre de discrétion. Nous, toutes repliées dans nos lits, retenons notre souffle. Soudain, des pas précipités résonnent dans le couloir, accompagnés de voix indistinctes qui se rapprochent. Nos regards se croisent, affolés. La porte s'ouvre lentement et la silhouette imposante du concierge apparaît, suivie de près par la Directrice elle-même.

Dans une frénésie digne d'un vaudeville, les conscrits se cachent dans les cabines de douche, cherchant à se fondre dans l'ombre. La surveillante, prise de court, tarde à intervenir, trop occupée à ajuster son peignoir, dans une scène presque comique. Mais l'instant d'après, la Directrice, dont l'apparence austère n'a rien à envier à celle d'une impératrice, rugit d'un ton glacial qui nous fige sur place.

– Enfin, pouvez-vous me dire ce qui se passe ici ? Pourquoi n'avez-vous pas éteint les lumières à plus de 22 heures ?!

La pionne, entre pleurs et tremblements, balbutie à peine :

– Les conscrits… Ils sont entrés en force dans le dortoir, et je n'ai pas pu les arrêter…

– Des conscrits ?! bégaye la Directrice, déglutissant. Dans un dortoir de filles, quel scandale ! Par où sont-ils passés ? Vous me ferez un rapport détaillé sur cet événement, dit-elle au concierge, qui se tient là, tout pâle dans ses petits souliers usés. Il est temps que vous m'expliquiez comment des garçons peuvent entrer ainsi comme dans un moulin.

Le concierge, tête baissée et l'air penaud, cherche ses mots, mais aucun n'atteint la Directrice. Elle s'avance, déterminée, son regard perçant balayant la pièce.

– Où sont-ils à présent ?

Une de nous, tremblante, désigne d'un petit geste la porte des douches. Le concierge s'y précipite, comme s'il devait se racheter d'un manque de vigilance impardonnable. Quelques secondes plus tard, il sort un par un, les garçons rouges de honte. Il les pousse sans ménagement vers la sortie, les faisant disparaître aussi vite qu'ils étaient entrés.

Le calme revient dans la pièce. La Directrice, furieuse, disparaît dans le couloir. Le silence règne à nouveau, et dans l'obscurité, la lumière éteinte, sous les couvertures, nous éclatons de rire, incapables de nous retenir. Ce fut une aventure que nous n'oublierons pas de sitôt, une mésaventure qui, même dans les moments les plus fâcheux, nous aura fait sentir le doux frisson de la complicité.

Mes camarades ont l'autorisation de sortir librement le jeudi et le dimanche après-midi, pendant deux heures. Mes parents, toujours méfiants, ne m'ont pas accordé ce privilège, et c'est à moi que revient la lourde tâche des promenades obligatoires. En uniforme – chemisier blanc, veste et jupe bleu marine impeccablement repassées, béret posé sur ma tête –, je me retrouve dans cette interminable file d'élèves, avançant par groupes de quatre, toutes alignées avec une précision militaire. La longue procession serpente à travers les rues de la ville, jusque dans un coin de campagne où nous sommes censées bénéficier de quelques instants de semi-liberté, mais sous la surveillance vigilante d'une ou deux surveillantes. La promenade, bien sûr, est annulée les jours de pluie, et dans ce cas, nous avons le choix entre le cinéma ou l'étude. Je choisis invariablement le cinéma.

Les films de corsaires et de pirates me fascinent. Ces héros audacieux, intrépides, invulnérables, qui affrontent la mort sans ciller, m'inspirent une admiration sans bornes. Jusqu'au dernier instant, sur le chemin de la potence, ils gardent cette attitude de défi et de bravoure. Ces personnages sont tout ce que je n'ai pas, et tout ce que j'aurais voulu être. Sur le chemin du retour, alors que la lumière du jour faiblit et que mes camarades se dispersent, mon esprit vagabonde. Je me perds dans les aventures des pirates, dans ces mondes lointains où la liberté et l'audace sont les seules règles. C'est ainsi que je m'évade en rêvant, en me laissant emporter par l'intrigue du film. La lecture et le cinéma deviennent alors mes seules véritables échappatoires, des refuges où l'imaginaire prend le dessus sur la réalité. À ces moments-là, je me sens plus vivante, plus libre.

Quand vient la fin de l'année de seconde, ma moyenne frôle les 11, et malgré tout, le conseil de classe a décidé mon redoublement. Ce verdict me frappe comme un coup de massue. Injuste. Injustifiable. La peur et la frustration se mélangent dans ma gorge, un tourbillon de colère et d'incompréhension. Pourquoi moi ? J'ai toujours travaillé, toujours fait de mon mieux. Je demande à mon père de prendre rendez-vous avec la Directrice, et il s'exécute, non sans une certaine fermeté.

– Pourquoi voulez-vous la faire redoubler ? Sa moyenne annuelle n'est pas catastrophique, elle est à peine sous les 11/20, et elle a même eu une fois le tableau d'honneur. Regardez ses notes vous-même, dit-il d'un ton calme, mais déterminé.

Il lui tend mon livret scolaire, et la Directrice, déstabilisée, balbutie des mots qui peinent à franchir ses lèvres.

– C'est pour son bien que nous avons pris cette décision, finit-elle par dire, l'air presque gêné.

Mon père, implacable, réplique :

– Dans ce cas, que ses camarades de classe moins bien notées redoublent elles aussi. Vous devez traiter vos élèves sur un pied d'égalité. Si elle doit redoubler, que ce soit la 1ère, une classe d'examen. C'est là que vous devez vous montrer cohérente.

Il sait, bien sûr, que la guerre entre les écoles publiques et privées est loin d'être terminée. Je sais qu'il pense que cette décision n'est pas réellement fondée sur mes notes, mais plutôt sur le fait que je viens d'une école libre, moins conventionnelle. Les mentalités sont ancrées, et il le sait. Pourtant, sa détermination n'en démord pas. La Directrice hésite, elle comprend que la situation lui échappe, mais pour ne pas perdre la face, elle finit par céder, même si le ton reste froid.

– Votre fille suivra quelques cours de rattrapage en chimie avec son professeur pendant les grandes vacances, ajoute-t-elle, d'un ton sec.

– D'accord, répond mon père, un sourire satisfait se dessinant sur son visage alors qu'il s'éloigne.

Les vacances arrivent, et je passe mes journées à faire des devoirs de chimie par correspondance. Je me plonge dans les exercices, concentrée, déterminée. Mon professeur de chimie semble satisfait de mon travail, et c'est avec un soulagement profond qu'à la rentrée suivante, la porte de la 1ère s'ouvre devant moi, et je retrouve mes camarades. Je n'ai pas perdu ma place, et c'est tout ce qui compte.

Mon année de première fut une véritable épreuve. Chaque jour semblait une lutte pour rattraper ce que j'avais manqué, et l'attente des résultats de la première partie du bac me dévorait. Dans ma chambre, comme une forme de superstition, je me livrais à un pari. Je me disais : « Si j'entends Gilbert Bécaud chanter *La Corrida* dans les minutes qui suivent, c'est que j'ai réussi. » C'était ma manière de conjurer le sort, un petit rituel qui m'offrait un semblant de contrôle. Et, comme par magie, la chanson passa à la radio, et un léger frisson d'espoir me parcourut. Peut-être que j'avais réussi... Mais hélas ! Le verdict tomba comme un couperet. J'avais échoué. Trop de lacunes accumulées, trop de retard pris durant mes années à Saint-Joseph, où l'ennui m'avait souvent paralysée.

Sur les conseils de mes copines sérieuses et appliquées, les « bûcheuses » comme on les appelait, je m'étais inscrite au concours des PTT. Chaque récréation devenait une séance d'entraînement intensif. Nous apprenions par cœur les départements et leurs sous-préfectures, les yeux rivés sur les manuels. Les énoncés se superposaient dans ma tête, et petit à petit, je devenais incollable. Je passai l'examen avec brio. J'avais été admise, et cette voie me semblait être ma bouée de sauvetage si le bac m'échappait à nouveau. Mais ce qui me chagrinait, c'était de voir ma copine Renée réussir sa première partie du bac, elle qui avait suivi le parcours traditionnel dans une institution catholique à Rodez. Moi, j'étais là, à lutter pour rattraper mon retard.

– Ce n'est pas grave, me dit mon père d'un ton rassurant, tu l'auras la prochaine fois.

Maman, toujours plus discrète, ajouta doucement, comme une pensée qui lui échappait :

– Tu vois, je l'avais rêvé.

C'est étrange, mais cette remarque me frappa plus que la compassion de mon père. Peut-être que, dans son cœur, elle savait. Mon redoublement se révéla être une véritable opportunité. Changement de profs, moins de lassitude, une nouvelle dynamique. J'obtins de très bonnes notes, et à la fin, la récompense tomba : j'avais réussi la première partie du bac, avec mention *Bien*. Mon père, fier, était tout sourire. Je lui avais demandé d'aller consulter les résultats, et quand il revint vers moi avec un air rayonnant, tout était dit. Il acheta le journal, coucha la page sous verre et encadra fièrement mon nom. C'était un moment d'une immense fierté.

Pour la première fois, il pouvait se targuer d'avoir une bachelière dans sa famille.

Nous partîmes cette année-là dans les Vosges pour la troisième fois, mais cette fois, ce n'était pas comme les autres années. Mon père avait un nouveau regard sur moi, plus admiratif, comme s'il voyait une autre version de sa fille, celle qui avait prouvé sa détermination. Et là, dans ce petit coin de nature, il se faisait un plaisir de présenter aux siens *la première bachelière de la famille.*

La deuxième partie du bac m'amena à changer d'établissement. Le lycée était plus loin, mais la différence ne résidait pas seulement dans la distance. Chaque lundi matin, je devais courir un peu plus vite pour ne pas manquer le bus, afin d'être à l'heure. Ce changement de cadre me déstabilisa un peu, mais j'étais prête à affronter tout cela. Je retrouvais les visages familiers, de celles qui m'avaient précédée dans le redoublement. Puis, il y avait Nicole, une protestante venue de Mazamet, dont la rigueur et la discipline m'impressionnaient. Elle avait une conduite exemplaire, nourrie par sa foi, et je l'admirais profondément. Il y avait aussi Lucette, d'origine asiatique, Louisette et Marie-Rose. Ces filles, chacune avec ses particularités, sont devenues mes amies. Ensemble, nous avions fait un pacte, celui de nous retrouver dans dix ans. Nous nous promettions de ne jamais nous perdre de vue, de ne jamais laisser le temps effacer nos souvenirs. C'était un serment solennel. Mais la réalité, bien souvent, nous échappe. À la fin de l'année, aucune d'elles n'a respecté ce pacte. Pas d'échanges d'adresses, pas de retrouvailles promises. Les liens se sont effrités, se sont dissipés comme de la brume au matin. J'étais déçue. Je croyais sincèrement que nos amitiés étaient plus solides que cela. Mais non, tout n'était que vent.

– Mamy, tu as toujours été idéaliste, rêveuse, me dit-on souvent aujourd'hui. Les autres se moquaient bien de ce serment.

Je souris, un peu triste, mais je ne leur en veux pas. Après tout, le temps efface tout, même les plus belles promesses.

Après une année de travail acharné, de révisions sous les draps à la lueur d'une lampe de poche, après que la pionne soit passée et que les lumières se soient éteintes, j'obtins enfin mon baccalauréat en sciences expérimentales, avec la mention assez bien. C'était une victoire douce-amère, car, en dépit de tous mes efforts, je restais incertaine quant à l'avenir qui m'attendait. Je n'avais aucune idée de ce que je voulais faire, et l'inconnu m'angoissait autant qu'il m'attirait. C'est alors que, quelques jours plus tôt, je consultai un conseiller d'orientation, espérant qu'il puisse m'éclairer.

– Vous avez une intelligence pratique ainsi que les qualités requises pour l'enseignement, me dit-il d'un ton sûr de lui.

Je me demandais alors si c'était l'enseignement qui m'attendait réellement ou si c'était plutôt un manque de candidats dans le secteur, vu le grand nombre de départs à la retraite dans le corps enseignant. Peut-être était-ce une simple opportunité, un coup de pouce d'un système qui manquait de bras. Mais avais-je vraiment les qualités requises pour enseigner ? L'idée m'effleura, mais je n'en étais pas certaine. Je doutais de moi, mais je me disais que je n'avais rien à perdre en suivant son conseil. Après tout, il semblait convaincu.

Je lui fis confiance, et je soumis un dossier d'inscription à l'Inspection académique du Rhône, un département manquant cruellement d'enseignants du primaire. Ce département proposait un stage de quatre mois de formation, un début qui semblait être une bouée de sauvetage. L'Académie du Rhône offrait l'avantage d'une titularisation rapide, au bout de trois ans, contrairement au Tarn et à l'Aveyron où il fallait parfois attendre quatre ou cinq ans. Cela me paraissait être une aubaine : rentrer rapidement dans la vie active, être autonome, et surtout, ne plus être à la charge de mes parents. Un soulagement. Pourtant, malgré l'attrait de cette opportunité, je ne pouvais m'empêcher de ressentir un léger regret en pensant à ma copine Renée, qui allait passer l'année à la fac de Montpellier. Elle allait obtenir son diplôme de Propédeutique, S'engager dans des études supérieures, alors que moi, je plongeais directement dans le monde du travail.

Un mélange de fierté et de nostalgie m'envahit. Je me consolais en me disant que l'opportunité de devenir enseignante était un véritable atout. Le contact avec les enfants, les vacances scolaires, la sécurité de l'emploi… Tout cela avait de quoi me séduire, et j'étais prête à m'y plonger. Ma demande partit en même temps que celle de Michèle, une camarade de promotion animée par le même désir de voler de ses propres ailes. C'était presque un saut dans l'inconnu, mais une part de moi était excitée à l'idée de cette nouvelle aventure.

La réponse arriva vite : nos dossiers étaient acceptés, et nous étions convoquées le 13 octobre 1958 à l'École Normale de Lyon. À 19 ans, nous ne redoutions pas le saut dans l'inconnu de la grande ville. Nos camarades, elles, préféraient rester dans leurs villages, refuser l'exil et galérer pendant cinq ans sur un poste rural, plutôt que de quitter leur département. Mais moi, cette perspective de nouveauté m'attirait. L'idée de tout recommencer ailleurs, de découvrir un nouveau monde, de grandir, me paraissait excitante.

« Bravo Mamy ! Tu n'as pas eu peur de t'exiler, je reconnais bien là ton goût pour l'aventure. »

Ces mots, que l'on me disait souvent plus tard, résonnaient en moi, avec une touche de fierté, mais aussi de réflexion sur tout ce qui allait suivre. Ce choix d'aller en ville, d'embrasser l'inconnu, je ne l'ai jamais regretté.

Mamy m'a rapporté plus tard qu'un véritable changement s'était opéré en elle après l'obtention de son diplôme de bac. Ce passage d'une jeune fille rêveuse à une femme déterminée à se faire sa place dans le monde adulte était subtil, mais tangible. Elle n'était plus la même. L'aventure venait de commencer.

Mamy poursuit :

Depuis ma sortie du lycée, mon comportement a profondément changé. Je sens que je quitte l'enveloppe fragile de l'adolescence pour me glisser dans celle de l'adulte. Un sentiment de transition, d'une page qui se tourne, envahit mon esprit. Je sais que je partirai bientôt, et tout en moi semble s'échapper, mes pensées s'éloignant du village et de cette vie d'avant. Mon esprit est déjà ailleurs, tout en restant encore un peu ici, comme un dernier souffle avant un grand départ. En prenant du recul, je me rends compte de l'étroitesse de ce village où tous se connaissent, du manque de relations avec les jeunes de mon âge, de l'incessant retour à la même routine.

Je me détache peu à peu du monde de mon enfance. Petit à petit, je coupe ce cordon invisible qui me liait à cette vie. Depuis que j'ai reçu ma nomination à l'École Normale de Lyon, mes velléités d'indépendance s'affichent clairement. Je suis prête à prendre mon envol. Mon look, moi qui avais toujours été discrète, a changé. Mes cheveux longs ont été raccourcis en une coupe à la garçonne, frondeuse, plus affirmée. Ma timidité semble s'évaporer avec chaque mèche coupée. J'ose enfin parler à mon voisin, traverser le village sans crainte d'être vue, sans raser les murs comme je le faisais auparavant.

Tout semble me pousser à partir. Je quitterai bientôt tout cela, tout ce que je connaissais, tout ce qui me retenait. Cette année-là, l'année du changement, j'ai invité Lucette, ma meilleure amie du lycée, à la fête de Réquista le dernier dimanche d'août. C'était une occasion de me détacher, de marquer cette nouvelle étape. Dès le samedi soir, contrairement à mes habitudes, je me lance sans répit sur la piste de danse, dansant pour ne pas laisser ma copine seule, mais aussi pour prouver aux autres que je peux, que je ne suis pas cette jeune fille timide qu'ils croyaient. Je leur montre ce que je suis devenue. J'ai appris le tango, la valse, le paso doble, au lycée. Le soir, après les repas, les internes se retrouvaient dans la salle de jeux pour danser au son d'un électrophone qui faisait vibrer les murs. L'une d'elles menait la danse, et nous apprenions les pas, dans une ambiance douce et fraternelle, juste avant de regagner nos dortoirs. C'était l'occasion de rire, de se détendre, de savourer l'insouciance.

– Tiens, mais c'est Pierrette ! Entend-elle fuser du public.

– Comment, elle se met à danser à présent, elle, si renfermée !

C'était une révolution pour moi. Moi qui aimais passer inaperçue, me voilà au centre de l'attention. Je joue de leur étonnement, virevolte d'un cavalier à l'autre. Chacun veut une danse, et la nuit semble trop courte pour tous les contenter. Les filles de mon âge, dans l'ombre, me toisent d'un œil mauvais, envieuses de mon succès. Lorsque j'accapare leur danseur attitré, leurs murmures fusent, mais je me contente de sourire.

– Pourquoi est-elle venue danser ? Ne pouvait-elle pas rester chez elle ?

Cette fête-là n'a pas eu de grandes conséquences, mais elle a marqué un petit tournant. J'avais produit mon petit effet, prouvé que j'étais une jeune fille comme les autres, qu'il n'y avait rien de particulier en moi. C'était tout ce que je voulais, tout ce que je désirais. Une simple affirmation de mon existence.

Les vacances terminées, je ne pensais plus qu'à ma rentrée à l'École Normale de Lyon. Le chapelier, natif de Lyon, me dit : « N'oublie pas d'emporter un parapluie, il pleut souvent là-bas. » Ses paroles résonnent dans ma tête, comme une mise en garde, un présage. Le fils de l'institutrice de Saint-Julien, qui était déjà sur place, m'avait trouvé une chambre à Vaise. Mes parents étaient rassurés. La veille du départ, j'ai appelé ma copine Michèle pour lui donner rendez-vous le matin du 29 septembre devant l'École Normale. Elle me donne l'adresse, mais, en relisant ma convocation, une stupeur me frappe : l'adresse de l'École Normale où je dois me rendre est différente de celle de Michèle. Je panique.

– Comment cela va-t-il se passer ? Je vais à l'É.N. de garçons, Michèle à celle des filles. Je n'ai jamais fréquenté d'écoles mixtes… Un coup de stress. Je passe une très mauvaise nuit, hantée par l'angoisse.

Le matin du lundi 29 septembre, un groupe de jeunes gens franchit la lourde grille pour entrer dans la cour de l'École Normale de Lyon située au quartier de la Croix-

Rousse. Ils sont conviés à un stage de quatre mois pour apprendre le métier d'instituteur. Dans les années soixante, le diplôme du baccalauréat, reconnu de haut niveau, avec ses deux parties, ouvre les portes de l'enseignement. À dix-neuf ans, je fais partie du lot. Je parais très élégante avec mon manteau trois quarts. Parmi les stagiaires, je recherche les filles, car je vais faire la première expérience de la mixité. Aucun ne se connaît et tous gardent le silence en attendant l'appel de leur nom. Je ne me doute pas qu'on m'observe. En effet, à quelques pas de là, un jeune homme ne me quitte pas des yeux depuis quelques minutes, pensant attirer mon attention. Il y réussit. Cependant, je vérifie que ce regard m'est destiné. Oui, j'en suis la cible. Alors, mes yeux se rivent sur les siens et ce contact visuel provoque un éblouissement, un électro-choc, une décharge électrique. Une étincelle jaillit de ce regard qui me transperce des pieds à la tête, ce qu'on appelle un coup de foudre n'est pas un vain mot. À partir de cet instant, l'image du jeune homme ne me quitte plus, rien n'existe autour de moi, ensorcelée par ce regard qui me fait sa captive à jamais. Apparemment, il a ressenti le même effet, car il se retourne souvent pour me regarder afin de ne pas couper le contact, comme si un fil invisible nous reliait. Mon cœur bat la chamade. Le monde semble s'arrêter autour de nous. Au premier coup d'œil, il me plaît avec ses cheveux noirs et lisses, dont une mèche retombe sur le front, son teint mat, ses yeux noirs expressifs, sa cravate à bout carré, son pantalon anthracite et sa veste pied-de-poule. En quelques secondes, j'ai imprimé son image dans ma mémoire pour la repasser en mon esprit quand je serai seule. À cet instant même, je réalise que je viens de m'engager pour la vie avec ce garçon. Je sais que, dorénavant, il partagera mon existence, ce n'est pas possible autrement. Et c'est ainsi que j'ai rencontré ton papy Charles… Mais ça, c'est une autre histoire !

Table des chapitres

Chapitre 1- Le récit du petit-fils Hippolyte………... 13
Chapitre 2 - La jeunesse de Robert……………….. 18
Chapitre 3 - L'exode……………………………… 26
Chapitre 4 - De Gaillac à Requista……………….. 35
Chapitre 5 - La famille se retrouve……………….. 40
Chapitre 6 - L'école Saint-Joseph………………… 47
Chapitre 7- Les restrictions……………………….. 59
Chapitre 8 - Événement inoubliable……………… 83
Chapitre 9 - Retour dans les Vosges……………… 87
Chapitre 10 - Au cours élémentaire……………….. 94
Chapitre 11 - Approche de la religion……………. 120
Chapitre 12 - Le cinéma………………………….. 134
Chapitre 13 - L'oncle Pierre……………………… 143
Chapitre 14 - Déménagement……………………. 152
Chapitre 15 - La Simca cinq……………………… 156
Chapitre 16 - Au cours moyen…………………… 160
Chapitre 17 - Les ennuis commencent…………… 172
Chapitre 18 - Au cours supérieur………………… 183
Chapitre 19 - Les cours d'anglais………………… 193
Chapitre 20 - L'embrigadement…………………. 198
Chapitre 21 - Les vacances……………………….214
Chapitre 22 - Le BEPC…..………………………. 226
Chapitre 23 - Les années de pension……………… 241

Productions de Pierrette Champon – Chirac

Chez Brumerge :

- Le Village fantôme (poésie)
- Le Rapporté
- La Porte mystérieuse
- En avant pour l'aventure
- Du paradis en enfer
- En avalant des kilomètres
- Délire tropical
- De Croxibi à la terre
- Des vies parallèles (propos recueillis)
- Profondes racines
- Cœurs retrouvés
- Apporte-moi des fleurs
- Le Manteau Fatal
- La vengeance du crocodile
- Vers un nouveau Destin
- La Canterelle
- Un certain ballon
- Le pique-nique
- Lettres à ma prof de français
- Une semaine éprouvante
- Revirement
- Rester ou partir ?
- Panique en forêt
- Reste chez nous
- Pour ne pas oublier
- Dans les pas du mensonge
- La poésie du quotidien
- Le trou n°5
- Étonnantes retrouvailles

- La rançon de la bonté
- Immersion en milieu rural
- Que la fête soit « bêle »
- Un étrange bouquet de roses
- Un séjour à la campagne
- Début de carrière mouvementé
- L'oncle surprise de Fanny
- Le secret du puits
- Les avatars d'une rencontre
- La surprise du premier emploi
- Rencontres tragiques
- Une vengeance bien orchestrée

Chez Books on Demand :

- Tragédie au moulin
- Pour quelques euros de plus
- Étrange découverte en forêt
- Les imprévus d'Halloween
- Fatale méprise
- Piégé par un roman
- La surprise du carreleur
- Dans les méandres de la nuit
- Un scénario bien orchestré
- Un nuage est passé
- Loin de la mer et des vagues
- Poèmes
- Rencontre
- Deux vies, un chemin
- Énigme florale
- Enfance et adolescence

Albums photo aux Éditions le Luy de France

- Il était une fois Réquista (2012)
- Mémoire du Réquistanais Tome 1 et 2
- Réquista, retour vers le passé